Honolulu Guide de voyage 2024

Tout ce que vous devez savoir pour planifier votre voyage parfait dans la capitale d'Hawaï

Robert R. Lightfoot

Table des matières

Introduction

Pourquoi visiter Honolulu ?

Honolulu est la capitale et la plus grande ville d'Hawaï, le 50ème État des États-Unis. C'est une destination touristique majeure qui attire des millions de personnes chaque année en raison de sa beauté naturelle à couper le souffle, de son riche héritage culturel et de ses nombreuses attractions.

Voici quelques raisons pour lesquelles vous devriez visiter Honolulu au moins une fois dans votre vie.

De belles plages

Honolulu abrite certaines des plages les plus célèbres et les plus belles du monde, notamment Waikiki, Ala Moana, Kailua et Lanikai. Le soleil chaud, la plage douce et le magnifique océan bleu sont tous disponibles, tout comme une gamme de sports nautiques tels que le surf, la plongée en apnée, la plongée sous-marine, le stand up paddle et le kayak. Vous pouvez également profiter du coucher de soleil, des feux d'artifice ou des danseuses de hula depuis la plage, ou faire une croisière ou une excursion en catamaran sur le rivage.

Des volcans époustouflants: Honolulu est située sur l'île d'Oahu, construite il y a des millions d'années par des éruptions volcaniques. Visitez le Diamond Head State Monument, un cratère volcanique éteint offrant une vue panoramique sur la ville et l'océan, pour découvrir les vestiges de ce passé géologique. Vous pouvez également parcourir le Koko Crater Railway Trail, qui mène au sommet d'un autre cratère et offre une vue sur la côte est d'Oahu et d'autres îles.

Une vie marine riche et colorée: L'océan Pacifique entoure Honolulu, qui abrite une vie marine riche et colorée. Vous pouvez faire de la plongée avec tuba avec des centaines d'espèces

de poissons et de coraux dans la réserve naturelle de Hanauma Bay, un sanctuaire marin aux eaux claires et peu profondes. Vous pourrez également observer des phoques moines, des hippocampes et des tortues de mer vertes à l'aquarium de Waikiki, le troisième plus ancien aquarium des États-Unis.
Vous pourrez également voir des baleines, des dauphins et des tortues dans la nature, ou même nager avec eux lors d'un voyage si vous avez de la chance.

Un vaste patrimoine culturel: Honolulu est le centre culturel et historique d'Hawaï, où vous pourrez en apprendre davantage sur la culture et l'histoire hawaïennes. Le seul palais royal des États-Unis, le palais Iolani, peut être visité pour admirer la chambre du trône, les joyaux de la couronne et la suite privée du roi. Vous pouvez également voir des reliques, des expositions et des collections liées à la monarchie, à l'histoire et à la culture hawaïennes à la statue du roi Kamehameha, au Capitole de l'État d'Hawaï et au Bishop Museum. Le Centre culturel polynésien, un parc à thème qui présente la culture et le mode de vie des nombreuses îles de Polynésie, propose également des traditions hawaïennes telles que la création de luau, hula et lei.

Diverses attractions: Que vous recherchiez l'aventure, les loisirs ou le divertissement, Honolulu a quelque chose pour tout le monde. Randonnée à pied, à vélo ou à cheval jusqu'aux chutes de Manoa, à l'arboretum de Lyon ou au sentier des phares de Makapuu pour en apprendre davantage sur l'écosystème et la faune de l'île. Détendez-vous et prenez soin de vous dans les spas, les studios de yoga ou les centres de bien-être, ou profitez des choix de shopping, de restauration et de vie nocturne du centre Ala Moana, du marché international ou de Chinatown. Vous pouvez également visiter des musées, des galeries d'art et des sites historiques tels que le Pearl Harbor et le mémorial de l'USS Arizona, le musée d'art d'Honolulu et le musée d'art de l'État d'Hawaï pour en apprendre davantage sur l'histoire et l'importance de l'attaque qui a entraîné les États-Unis. La Seconde Guerre mondiale, l'art et la culture d'Hawaï et d'autres régions, ainsi que les problèmes et tendances sociétales contemporaines.

L'histoire d'Honolulu

Honolulu, la capitale et la plus grande ville d'Hawaï, a une histoire riche et variée. Selon la tradition hawaïenne, les colons polynésiens se sont initialement installés à Honolulu vers le 11ème siècle. Le nom d'Honolulu se traduit par « port abrité » ou « port calme » en hawaïen, reflétant l'emplacement stratégique de la ville en tant que sanctuaire sûr pour les navires et les touristes.

Jusqu'à ce que le capitaine William Brown visite le port en 1794, Honolulu était négligée par les premiers explorateurs européens comme le capitaine James Cook. En 1795, le roi Kamehameha Ier d'Hawaï conquit Oahu et unifia les îles hawaïennes sous son règne. En 1809, il fit d'Honolulu sa capitale royale.

Au début du XIXe siècle, Honolulu était une base prospère pour les commerçants de bois de santal et les baleiniers, ainsi que pour les visiteurs russes, britanniques et français cherchant à influencer la monarchie hawaïenne. Honolulu a été officiellement désignée capitale du royaume indépendant d'Hawaï par le roi Kamehameha III en 1845. Honolulu est devenue un centre culturel, commercial et éducatif du Pacifique, mais elle a également été confrontée à des obstacles tels que des maladies, des incendies et des troubles civils.

Avec l'aide de l'armée américaine, un groupe de marchands et de producteurs de sucre américains déposèrent la monarchie hawaïenne en 1893. Honolulu, avec le reste d'Hawaï, fut annexée par les États-Unis en 1898 et devint le siège de l'administration du territoire.

Honolulu est devenue une métropole sophistiquée, dotée d'infrastructures, de tourisme et d'installations militaires.

Les Japonais ont attaqué Honolulu et les installations navales voisines de Pearl Harbor le 7 décembre 1941, incitant les États-Unis à entrer dans la Seconde Guerre mondiale. Honolulu est devenue une étape clé pendant la guerre du Pacifique et a été soumise à la loi martiale, aux coupures d'électricité et au rationnement. Honolulu a connu une augmentation démographique, une expansion urbaine et une transformation sociétale après la guerre.

Hawaï est devenu le 50ème État des États-Unis en 1959 et Honolulu a été désignée comme capitale de l'État. Avec l'immigration, la diversité et la croissance économique, Honolulu a continué de croître et de se diversifier. Honolulu a également des problèmes de circulation, de logement, d'environnement et de gouvernement.

Honolulu est aujourd'hui une métropole mondiale, avec une population de plus de 350 000 habitants et une zone métropolitaine de près d'un million d'habitants. Il constitue un important centre commercial, touristique, commercial, bancaire et de défense militaire transpacifique. C'est également un centre culturel et historique, influencé par l'Asie, l'Occident et le Pacifique. Honolulu est bien connue pour sa beauté naturelle, sa température agréable et sa culture de l'aloha.

Quand dois-je voyager et que dois-je apporter ?

Honolulu est une destination toute l'année avec un temps généralement chaud et ensoleillé. Cependant, il existe d'importants changements saisonniers, de fréquentation et de prix dont vous devriez tenir compte lors de la planification de vos vacances.

Hiver (décembre à février) : C'est la période la plus touristique à Honolulu, car de nombreuses personnes s'y rendent pour échapper au froid d'autres régions du monde. Dans les attractions, vous pouvez vous attendre à des coûts plus élevés, à une plus grande foule et à des files d'attente plus longues. Cependant, pendant cette saison, vous pourrez également profiter de certaines des meilleures activités de surf, d'observation des baleines et de vacances. La température mensuelle moyenne est d'environ 75°F (24°C), tandis que les précipitations mensuelles moyennes sont d'environ 2,5 pouces (64 mm). Des vêtements légers, un maillot de bain, une veste de pluie, un pull et de la crème solaire sont tous recommandés.

Printemps (mars à mai) : C'est une saison formidable pour visiter Honolulu car le temps est beau, les fleurs sont épanouies et les foules sont moins nombreuses. Les hôtels et les activités ont des coûts moins élevés, moins de trafic et une plus grande disponibilité. La température mensuelle moyenne est d'environ 79°F (26°C), tandis que les précipitations mensuelles moyennes sont d'environ 1,5 pouces (38 mm). Emportez des vêtements légers, un maillot de bain, un imperméable, une veste légère et de la crème solaire.

Été (juin à août) : C'est la saison la plus chaude et la plus sèche d'Honolulu, avec un soleil abondant et un ciel magnifique. Durant cette saison, vous pourrez profiter de la plage, des sports nautiques et des événements en plein air. Cependant, vous pouvez vous attendre à de la chaleur, des alizés et de la pluie. La température mensuelle moyenne est d'environ 83°F (28°C), tandis que les précipitations mensuelles moyennes sont d'environ 0,5 pouces (13 mm). Des vêtements légers, un maillot de bain, un chapeau de soleil, des lunettes de soleil et de la crème solaire sont tous recommandés.

Automne (septembre à novembre) : C'est une excellente saison pour visiter Honolulu puisque le temps est encore agréable, l'eau est calme et la foule est gérable. Durant cette saison, vous pourrez assister à des événements culturels, des festivals gastronomiques et aux célébrations d'Halloween et de Thanksgiving. La température mensuelle moyenne est d'environ 81°F (27°C), tandis que les précipitations mensuelles moyennes sont d'environ 2 pouces (51 mm). Emportez des vêtements légers, un maillot de bain, un imperméable, une veste légère et de la crème solaire.

Comment s'y rendre et comment se déplacer ?

Comment se rendre à Honolulu

Le transport aérien est le moyen le plus rapide et le plus habituel pour se rendre à Honolulu. L'aéroport international Daniel K. Inouye (HNL) dessert Honolulu et Oahu et se trouve à environ 8 kilomètres du centre-ville d'Honolulu et de Waikiki. De nombreuses grandes villes des États-Unis, du Canada, d'Asie, d'Australie et de Nouvelle-Zélande, ainsi que d'autres îles hawaïennes, proposent des vols directs vers HNL.

Vous pouvez vous rendre à votre hôtel ou à votre destination depuis l'aéroport en navette, taxi, covoiturage, bus ou location de voiture. Voici quelques possibilités et leurs coûts estimés :

Navette: Vous pouvez organiser un service de navette partagée ou privée vers votre hôtel ou votre destination en ligne ou à l'aéroport. Le coût varie selon l'entreprise, le nombre de passagers et l'emplacement, mais il se situe normalement entre 10 $ et 30 $ par personne. SpeediShuttle, Roberts Hawaii et VIP Trans sont quelques-unes des entreprises de navette.

Taxi: Il y a des stations de taxis à l'aéroport qui vous factureront au compteur. Les frais varient en fonction de la distance, du trafic et de l'heure de la journée, mais ils varient souvent de 35 $ à 50 $ pour Waikiki et de 50 $ à 70 $ pour le centre-ville d'Honolulu. Vous pouvez également appeler ou commander un taxi en ligne auprès de sociétés comme The Cab, Charley's Cab et EcoCab.

Covoiturage: Vous pouvez commander un trajet depuis l'aéroport en utilisant des applications comme Uber ou Lyft, et ils viendront vous chercher à des endroits spécifiés. Le coût varie en fonction de la demande, du type de véhicule et de l'emplacement, mais il varie normalement de 25 $ à 40 $ pour Waikiki et de 35 $ à 50 $ pour le centre-ville d'Honolulu.

Bus: Depuis l'aéroport, vous pouvez prendre TheBus vers de nombreux sites à travers l'île. Un aller simple coûte 2,75 $ et un pass journalier coûte 5,50 $. Vous pouvez payer en espèces ou avec une carte HOLO, qui peut être achetée à l'aéroport ou à certains endroits. L'aéroport est desservi par les lignes de bus 19, 20, 31 et 40. Vous pouvez planifier votre itinéraire à l'aide d'applications comme Google Maps ou Transit ou en consultant les horaires et les plans sur le site TheBus.

Location de voiture: Vous pouvez louer une voiture à l'aéroport ou n'importe où sur l'île et vous rendre à votre hôtel ou à une autre destination. À l'aéroport, vous pouvez localiser toutes les principales sociétés de location de voitures, notamment Alamo, Avis, Budget, Enterprise, Hertz et National. Vous pouvez également comparer les coûts et réserver en ligne en utilisant des sociétés comme CarRentals.com, Turo ou Kayak. Le coût varie selon le type de véhicule, la durée et la saison, mais il oscille souvent entre 40 $ et 80 $ par jour. Vous devez également payer l'essence, le stationnement et les péages.

Comment se déplacer à Honolulu

Vous pouvez vous rendre à Honolulu en voiture, en bus, en taxi, en covoiturage, en tramway, en vélo ou en cyclomoteur, selon votre budget, votre commodité et vos préférences. Voici quelques-uns des avantages et des inconvénients de chaque option.

Voiture: Conduire une voiture vous permet de visiter la ville et l'île avec un maximum de liberté, d'efficacité et de confort. Vous pouvez visiter les sites, les plages et les parcs à votre guise, en admirant le paysage tout au long du chemin. Cependant, conduire une voiture présente des inconvénients importants, tels que la circulation, le stationnement et les dépenses. Des embouteillages et des retards sont possibles, en particulier aux heures de pointe et en haute saison. Vous pourriez également avoir du mal à trouver un parking ou devoir payer des frais de stationnement, qui peuvent être coûteux à certains endroits. Vous devrez également payer l'essence, les péages et les frais de location de voiture, qui peuvent rapidement s'accumuler.

Bus: Prendre le bus est un moyen fiable et économique de se déplacer dans la ville et sur l'île. La plupart des sites touristiques, des plages et des parcs sont accessibles en bus moyennant des frais raisonnables de 2,75 $ pour chaque trajet ou de 5,50 $ pour un pass journalier.
Dans le bus, vous pourrez également admirer le paysage et la culture locale. Cependant, l'utilisation du bus présente plusieurs inconvénients, comme le temps, la régularité et le confort. Vous pourriez devoir attendre le bus,

changer d’itinéraire ou marcher jusqu’à votre destination, ce qui pourrait prendre plus de temps que conduire. Vous pouvez également rencontrer des bus bondés ou désagréables, en particulier aux heures et saisons de pointe. Certains endroits isolés ou ruraux, comme les sentiers de randonnée ou les cascades, peuvent également être inaccessibles en bus.

Taxi: Prendre un taxi pour parcourir la ville et l'île est un moyen pratique et rapide pour se déplacer. Des taxis sont disponibles à l'aéroport, dans les hôtels et sur les sites populaires, ou vous pouvez en contacter ou en réserver un en ligne.

Vous pouvez vous rendre à votre emplacement rapidement et confortablement, sans avoir à conduire, vous garer ou effectuer un transfert.

Prendre un taxi, en revanche, présente certains inconvénients, notamment le coût, la disponibilité et la fiabilité. En fonction de la distance, du trafic et de l'heure de la journée, vous devrez peut-être payer des frais élevés. Vous pourriez également avoir du mal à trouver un taxi, surtout pendant les heures et les saisons les plus chargées, ou si vous habitez dans une région éloignée ou rurale. Des chauffeurs sans permis ou malhonnêtes peuvent potentiellement vous facturer trop cher ou vous transporter au mauvais endroit.

Covoiturage: L'utilisation du covoiturage est comparable à l'utilisation d'un taxi, il existe cependant plusieurs distinctions. Vous pouvez demander un voyage depuis votre emplacement à l'aide d'applications comme Uber ou Lyft, et ils viendront vous chercher et vous déposeront à votre destination. Avant de confirmer le voyage, vous pouvez consulter le prix, le chauffeur et le véhicule, et vous pouvez payer avec votre carte de crédit ou votre portefeuille d'applications.

Vous pouvez également sélectionner le type de véhicule, tel qu'économique, de luxe ou de piscine. Cependant, l'utilisation du covoiturage présente également des inconvénients, tels que la hausse des prix, la sécurité et la légalité. En fonction de la demande, du type de voiture et de l'emplacement, vous devrez peut-être payer des frais plus élevés.

Vous pouvez également avoir certains soucis de sécurité, comme l'historique du conducteur, l'état de la voiture ou la couverture d'assurance. Vous pouvez également rencontrer des problèmes juridiques tels qu'un permis de conduire, une autorisation ou une taxe.

Que pouvons-nous attendre de la culture et des gens ?

Honolulu est une ville diversifiée où vous pourrez découvrir la culture et la population riches et uniques d'Hawaï. Les racines polynésiennes d'Honolulu, son passé de capitale royale, sa position de creuset de diverses ethnies et nations et son statut actuel de métropole mondiale ont tous un impact sur la culture de la ville.

Les habitants d'Honolulu sont polis, hospitaliers et fiers de leur héritage, et ils vous accueilleront avec un véritable esprit aloha.

Voici quelques-unes des caractéristiques culturelles et sociales d'Honolulu que vous pourriez espérer rencontrer lors de votre visite :

Langue: L'anglais et l'hawaïen sont les langues officielles d'Hawaï, et vous entendrez les deux parler à Honolulu.

L'hawaïen est une ancienne langue polynésienne qui a été restaurée et préservée par le peuple, et de nombreux mots et expressions hawaïens peuvent être vus sur les panneaux, les restaurants et les cartes de vœux. Par exemple, « aloha » signifie « bonjour » et « au revoir », « mahalo » signifie « merci » et « kamaaina » signifie « résident ». Le pidgin, une langue créole qui combine l'anglais avec l'hawaïen et d'autres langues comme le japonais, le chinois, le portugais et le philippin, peut également être entendue. Certains résidents utilisent le pidgin avec désinvolture, notamment en présence de leurs amis et de leur famille, et il a son lexique et ses expressions. Par exemple, «da kine» peut signifier «n'importe quoi», «howzit» peut signifier «comment vas-tu» et «shaka» peut signifier «se détendre».

Musique et danse: La musique et la danse sont des éléments essentiels de la culture d'Honolulu, reflétant les nombreuses influences et traditions de l'île.
Vous pouvez écouter de la musique hawaïenne, qui comprend des instruments comme le ukulélé, la guitare et la guitare slack key, ainsi que des genres tels que le traditionnel, le moderne et le reggae. Vous pourrez également observer les mouvements élégants et expressifs du hula, la danse indigène d'Hawaï qui communique des histoires et des légendes par des gestes et des chants. À Honolulu, vous pouvez profiter de la musique et de la danse en assistant à un luau, une fête et un spectacle hawaïens, ou en visitant le Centre culturel

polynésien, un parc à thème qui met en valeur la culture et le mode de vie des différentes îles de Polynésie. Certains hôtels et lieux proposent également des cours pour apprendre à jouer du ukulélé ou à danser le hula.

Art et histoire: L'art et l'histoire sont également des éléments essentiels de la culture d'Honolulu puisqu'ils véhiculent les récits et les réalisations de la ville et de l'île.
Le seul palais royal des États-Unis, le palais Iolani, peut être visité pour admirer la chambre du trône, les joyaux de la couronne et la suite privée du roi. Vous pouvez également voir des reliques, des expositions et des collections liées à la monarchie, à l'histoire et à la culture hawaïennes à la statue du roi Kamehameha, au Capitole de l'État d'Hawaï et au Bishop Museum. Vous pouvez également visiter le Pearl Harbor et le mémorial de l'USS Arizona

pour en savoir plus sur l'histoire et l'importance de l'attaque qui a entraîné les États-Unis dans la Seconde Guerre mondiale, ainsi que le musée d'art d'Honolulu, le musée d'art de l'État d'Hawaï et divers musées d'art. des galeries et des studios pour découvrir l'art et la culture d'Hawaï et d'autres régions, ainsi que les problèmes et tendances contemporains de la société.

Nourriture et boisson: La nourriture et les boissons sont une autre façon de découvrir la culture d'Honolulu, car elles représentent les saveurs et les ingrédients de l'île et du monde. Une cuisine hawaïenne traditionnelle est disponible, notamment du poi, une pâte de racine de taro, du laulau, un paquet de viande et de poisson enveloppé dans des feuilles de taro, et du cochon kalua, du porc rôti cuit dans un four souterrain. Les spécialités locales comprennent le poke, une salade de poisson cru avec de la sauce soja et de l'huile de sésame, le spam musubi, un délice semblable à un sushi à base de spam et de riz, et la glace pilée, un dessert à la glace pilée garni de différents sirops.

Vous pouvez également essayer la cuisine fusion, qui mélange des saveurs hawaïennes, asiatiques, américaines et européennes, comme le loco moco, un repas composé de riz, de galette de hamburger, d'œuf au plat et de sauce, et les malasadas, un beignet portugais enrobé de sucre.

Les boissons d'Honolulu comprennent le café Kona, un café de haute qualité cultivé sur la Grande Île, le mai tai, un cocktail à base de rhum avec des jus de fruits, et la bière hawaïenne, une bière artisanale créée avec des ingrédients locaux. À Honolulu, vous pouvez acheter de la nourriture et des boissons dans les restaurants, cafés, pubs, food trucks et marchés de producteurs, ainsi que participer à une visite gastronomique ou à un cours de cuisine pour en apprendre davantage sur la culture culinaire.

Chapitre 1 : Principales attractions

Pearl Harbor et le mémorial de l'USS Arizona

Pearl Harbor est une installation navale et un lieu historique situé à Honolulu, à Hawaï, où s'est produit l'un des événements les plus critiques de la Seconde Guerre mondiale. Le 7 décembre 1941, le Japon mena une attaque surprise sur Pearl Harbor, détruisant ou endommageant la majorité de la flotte américaine du Pacifique et tuant plus de 2 400 Américains. La frappe a également précipité l'implication des États-Unis dans la guerre, modifiant ainsi le cours de l'histoire.

Le mémorial de l'USS Arizona, qui rend hommage aux 1 177 marins et Marines qui ont péri à bord du cuirassé USS Arizona lors de l'attaque, est l'un des mémoriaux les plus populaires et les plus émouvants de Pearl Harbor. Le monument est une structure blanche en forme de pont qui enjambe l'épave du navire en train de couler, qui repose toujours au fond du port. Le mémorial n'est accessible que par une navette de la Marine qui part du Pearl Harbor Visitor Center.

Le monument est divisé en trois sections : la salle d'entrée, la salle de réunion et la salle du sanctuaire. Les drapeaux des États dont les cuirassés de Pearl Harbor tirent leur nom, ainsi que le drapeau de l'État de l'Utah, qui représente l'USS Utah, un autre navire coulé à Pearl Harbor, sont affichés dans la zone d'entrée.

La salle de réunion est un grand espace ouvert où les visiteurs peuvent voir l'épave de l'USS Arizona sous l'océan ainsi qu'assister à des rituels et à des présentations. La chambre du sanctuaire est le dernier élément et contient un mur de marbre sur lequel sont inscrits les noms des guerriers morts. La zone du sanctuaire se souvient également des survivants de l'USS Arizona qui ont choisi d'être enterrés avec leurs camarades après leur mort.

Visiter le mémorial de l'USS Arizona est une expérience poignante et instructive qui permet aux gens de rendre hommage à ceux qui ont donné leur vie à leur nation tout en en apprenant davantage sur l'histoire et l'importance de l'assaut de Pearl Harbor. Une vidéo documentaire de 25 minutes, un voyage en bateau vers et depuis le monument et du temps pour examiner le mémorial et le centre d'accueil sont tous inclus dans la visite. L'entrée est gratuite, mais les billets sont nécessaires et limités. Pour garantir une place, les visiteurs doivent réserver leurs billets en ligne ou arriver tôt au centre touristique.

Parc d'État de Diamond Head

Le Diamond Head State Monument est une destination touristique bien connue et populaire à Honolulu, à Hawaï. Il s'agit d'un cône de tuf volcanique qui s'élève à 232 mètres au-dessus du niveau de la mer et offre des vues spectaculaires sur la ville et la mer. Diamond Head a été produit il y a environ 300 000 ans par une seule éruption explosive qui a éjecté des cendres et de minuscules particules dans l'air, qui se sont déposées et se sont solidifiées en tuf.

Le cratère mesure 3 520 pieds (1 073 mètres) de diamètre et 762 pieds (232 mètres) de profondeur.

Diamond Head est également un lieu d'importance historique puisqu'il a été utilisé comme poste de surveillance militaire et de poste défensif à la fin du XIXe et au début du XXe siècle. La route menant au sommet, qui comprend des tunnels, des bunkers et des postes d'observation, a été érigée en 1908 dans le cadre du système défensif côtier d'Oahu. La station de contrôle des incendies, qui a été érigée en 1911 et dirigeait les tirs d'artillerie des batteries de Waikiki et de Fort Ruger, est le bâtiment le plus visible. La station possède également un immense phare de navigation qui a été érigé en 1917 et est toujours en service aujourd'hui.

La randonnée jusqu'au sommet de Diamond Head est une expérience gratifiante et délicieuse, car elle donne un aperçu de l'histoire géologique et militaire du monument, ainsi que des vues panoramiques sur les paysages environnants. L'itinéraire monte 560 pieds (171 mètres) du fond du cratère jusqu'au sommet et mesure 1,3 km de long. La randonnée est quelque peu difficile, avec des marches raides, des lacets et un tunnel de 225 pieds (69 mètres). La montée aller-retour prend environ 1,5 à 2 heures, selon votre vitesse et vos pauses.

Vous devez payer des frais d'entrée et de stationnement, ainsi que réserver un billet en ligne ou au centre d'accueil, pour visiter le Diamond Head State Monument. Le monument est ouvert tous les jours de 6h00 à 18h00, avec un accès définitif à 16h00. Le centre touristique vend des souvenirs et des collations, ainsi que des cartes et des excursions guidées.

Portez des chaussures appropriées, emportez des boissons et de la crème solaire, et évitez de faire de la randonnée pendant les heures les plus chaudes de la journée. Vous devez également être attentif aux ressources naturelles et culturelles et respecter les parcours approuvés.

L'Aquarium et la plage de Waikiki

La plage de Waikiki, située au sud d'Oahu, à Hawaï, est l'une des plages les plus renommées et les plus populaires au monde. C'est une longue étendue de sable blanc et d'océan turquoise entourée d'hôtels, de boutiques, de restaurants et de lieux de divertissement. Waikiki Beach est un endroit idéal pour profiter du soleil, du surf et du plaisir tout en découvrant l'histoire et la culture d'Hawaï.

Waikiki Beach est divisée en zones, chacune avec sa personnalité et ses attraits. Voici quelques-unes des sections importantes :

Plage de Kuhio: Située entre le monument Duke Kahanamoku et le mur de Waikiki, c'est la partie la plus familiale et la plus populaire de Waikiki Beach. Il y a des sauveteurs, des douches et des aires de pique-nique, ainsi que des eaux calmes. Les cours de surf, les croisières en canoë et les spectacles de hula sont également populaires ici.

Plage de la Reine : Situé à proximité de l'aquarium de Waikiki et du Natatorium, c'est le quartier le plus magnifique et historique de Waikiki Beach. Il est parfait pour la plongée en apnée et la natation en raison de son eau propre, de ses récifs coralliens et de ses poissons. C'est également une attraction culturelle et historique puisqu'elle était à l'origine la maison de la reine Liliuokalani, la dernière reine d'Hawaï.

Plage de Fort DeRussy: Situé à proximité du parc Fort DeRussy et de l'hôtel Hale Koa, c'est le quartier le plus cher et le plus calme de Waikiki Beach. Il est idéal pour se reposer et pique-niquer grâce à son sable lisse, ses arbres ombragés et ses espaces herbeux. Il contient également le musée de l'armée américaine d'Hawaï et la batterie Fort DeRussy, tous deux d'importance militaire et historique.

L'aquarium de Waikiki est un aquarium géré par une université qui reproduit plusieurs écosystèmes de récifs tropicaux du Pacifique. Il est situé près d'un récif de corail naturel sur la côte de Waikiki et abrite environ 3 500 créatures représentant 490 espèces différentes de plantes et d'animaux marins. C'est l'un des aquariums les plus anciens du pays, dédié à la recherche, à l'enseignement et à la conservation.

L'aquarium de Waikiki propose une variété d'expositions, de programmes et d'activités mettant en valeur la vie aquatique d'Hawaï et du Pacifique. Voici quelques-unes des principales expositions :

Ferme de corail: Une installation de pointe qui cultive et propage du corail à des fins d'étude et de restauration. Il montre de nombreuses formes de coraux, telles que les cornes de cerf, le chou-fleur et les champignons, et discute de leur pertinence et de leurs risques.

Environnement du phoque moine hawaïen: Makaonaona et Hoailona, deux phoques moines hawaïens en voie de disparition, vivent dans cet environnement naturaliste. Il leur offre un habitat chaleureux et passionnant tout en informant les visiteurs sur leur biologie et leur conservation.

Bord du récif: Il s'agit d'une exposition extérieure qui ressemble à un front de mer hawaïen et permet aux visiteurs de toucher et de nourrir des étoiles de mer, des oursins et des crabes. Il dispose également d'un bassin de marée, d'un bassin à vagues et d'une zone de surtension où les visiteurs peuvent voir comment le débit d'eau et la gravité affectent le récif.

Galerie de méduses: Il s'agit d'une exposition fascinante qui présente de nombreux types de méduses, notamment des gelées de lune, des gelées de boîte et des orties de mer. Il met en valeur leur beauté, leur diversité et leur adaptabilité tout en mettant en garde contre leurs dangers et leurs répercussions.

Grotte à poissons avec lampe de poche: Il s'agit d'une exposition fascinante et sombre qui présente des poissons-lampes de poche, qui sont des poissons qui ont des bactéries bioluminescentes dans leurs organes. Il expose des comportements étonnants, notamment le fait de faire clignoter leurs lumières pour communiquer, chasser et échapper aux prédateurs.

Statue du roi Kamehameha et palais Iolani

La résidence Iolani est la seule résidence royale des États-Unis et un symbole de la royauté et de l'histoire hawaïenne. Il a été érigé en 1882 par le dernier souverain d'Hawaï, David Kalakaua, en hommage à son prédécesseur, le roi Kamehameha Ier, qui a unifié les îles hawaïennes en 1810.

Le palais est une merveille architecturale, combinant des designs hawaïens, américains et européens, comme ainsi que des installations contemporaines, notamment l'électricité, les téléphones et la plomberie intérieure.

Le palais servit de résidence officielle aux rois hawaïens et de siège de l'administration jusqu'en 1893, date à laquelle ils furent déposés par un groupe d'hommes d'affaires américains et annexés par les États-Unis. Le palais a ensuite été utilisé comme capitale, quartier général militaire et musée jusqu'à ce qu'il soit restauré à son ancienne gloire en 1978. Aujourd'hui, le palais est un monument historique national et un musée vivant où les visiteurs peuvent voir les vastes salles, la salle du trône, des suites privées et des trésors royaux et découvrez l'histoire et la culture de la monarchie hawaïenne.

La statue du monarque Kamehameha est un hommage au premier et plus grand monarque d'Hawaï et l'une des attractions les plus célèbres et les plus renommées d'Honolulu.

Il est situé en face du palais Iolani, en face d'Aliiolani Hale, l'ancien palais royal et site actuel de la Cour suprême de l'État d'Hawaï. La statue représente le roi Kamehameha Ier dans une position royale, portant une robe de plumes et un casque et tendant la main dans un geste accueillant et paisible. La figure en bronze mesure 18 pieds de haut et repose sur un socle en pierre. Chaque année, le 11 juin, le jour de Kamehameha, fête nationale commémorant l'héritage et les réalisations du roi, est décoré de colliers de fleurs. La statue est la seule qui reste à Hawaï parmi quatre commandées par le roi David Kalakaua en 1878.

Les trois autres se trouvent à Washington, D.C., à Hilo et à Kohala, lieu de naissance du roi Kamehameha Ier.

Voir le palais Iolani et la statue du roi Kamehameha est un incontournable pour quiconque s'intéresse à l'ascendance royale et à l'histoire d'Hawaï.

Le palais et la statue se trouvent au centre-ville d'Honolulu, à distance de marche l'un de l'autre et à proximité d'autres sites tels que le Capitole de l'État, le musée d'art d'Honolulu et Chinatown. Pour visiter le palais Iolani, achetez un billet en ligne ou à la billetterie et choisissez entre une visite audio guidée ou auto-dirigée. Le palais est ouvert de 9h00 à 16h00, du lundi au samedi, et les visites durent environ une heure.

Vous n'avez pas besoin de billet pour voir la statue du roi Kamehameha et vous pouvez la voir à tout moment de la journée. Cependant, vous devez éviter de visiter pendant les heures et les saisons de pointe, lorsque le monument peut être rempli de visiteurs et de résidents. Vous devriez également vous rendre au monument le jour de Kamehameha pour voir la belle et festive tradition consistant à envelopper la statue de lei.

Réserve naturelle de Hanauma Bay située sur l'île d'Hawaï

La réserve naturelle de Hanauma Bay est un site magnifique et unique en son genre sur la côte sud-est d'Oahu. Il s'agit d'un sanctuaire marin qui préserve un environnement de récif corallien diversifié et magnifique, ainsi qu'un site populaire de plongée en apnée et de baignade.

La réserve naturelle de Hanauma Bay est une merveille naturelle créée il y a 32 000 ans par une explosion volcanique.
L'éruption a formé un cratère, qui a finalement été inondé par la mer, créant ainsi une baie incurvée entourée d'un récif de corail. La baie abrite environ 400 espèces de poissons différentes, ainsi que des tortues, des raies, des anguilles et d'autres espèces marines. Des oiseaux marins tels que le fou à pattes rouges et le puffin à queue cunéiforme se reproduisent dans la baie.

La réserve naturelle de Hanauma Bay est une zone protégée dédiée à la préservation et à la restauration de la beauté naturelle et de l'équilibre écologique de la baie. Après des années d'utilisation et de dommages dus aux visiteurs et à la construction, la réserve a été créée en 1967. Pour réduire l'influence de

l'activité humaine sur la baie, la réserve a pris diverses mesures, notamment en limitant le nombre de visiteurs, en exigeant un droit d'entrée et une réserve, offrant une éducation et une orientation, et appliquant les lois et règlements.
De plus, la réserve entreprend des recherches et une surveillance pour déterminer la santé et l'état de la baie et de ses résidents.

La réserve environnementale de Hanauma Bay est un incontournable pour tous ceux qui apprécient l'environnement et la faune. Les visiteurs peuvent nager et faire de la plongée avec tuba dans l'eau propre et tranquille tout en admirant le magnifique récif de corail et ses habitants colorés. Au centre d'éducation marine, les visiteurs peuvent en apprendre davantage sur l'histoire, la culture et la conservation de la baie à travers des expositions, des expositions et des films. Les visiteurs peuvent également se détendre et dîner sur la plage de sable tout en admirant la vue imprenable sur la baie et l'océan.

Les visiteurs doivent s'organiser à l'avance et respecter les normes et restrictions de la réserve pour visiter la réserve naturelle de Hanauma Bay.
La réserve est ouverte de 6h45 à 16h00. du mercredi au dimanche et est fermé le lundi et le mardi. La réserve a une capacité quotidienne de 720 invités et les visiteurs doivent prendre rendez-vous préalable en ligne ou par téléphone. Les frais de réservation sont de 3 $ par personne, tandis que le prix d'entrée est de 12 $ pour les non-résidents et gratuit pour les locaux, les mineurs et le personnel militaire. Avant d'entrer dans la réserve, les visiteurs doivent également visionner un film décrivant

les lois et les restrictions, ainsi que la manière de protéger la baie et ses animaux. Les visiteurs peuvent soit apporter leur équipement de plongée en apnée, soit le louer à la réserve. Les visiteurs peuvent également apporter leur nourriture et leurs boissons ou les acheter au snack-bar. Il est recommandé aux visiteurs de porter un écran solaire sans danger pour les récifs et d'éviter de toucher ou de marcher sur les coraux ou les animaux marins.

Il est également conseillé aux visiteurs de ne laisser aucune trace et de n'emporter avec eux que des photographies et des souvenirs. .1.6. Arboretum de Lyon et chutes de Manoa

Les chutes de Manoa et l'arboretum de Lyon sont deux des attractions naturelles les plus magnifiques d'Honolulu. Ils se trouvent dans la vallée luxuriante et verdoyante de Manoa, célèbre pour ses arcs-en-ciel, sa brume et sa forêt tropicale. Ils sont tous deux accessibles via une montée courte et simple depuis la fin de Manoa Road, et offrent une expérience rafraîchissante et satisfaisante aux amoureux de la nature.

Manoa Falls est une belle cascade qui descend de 46 mètres dans un petit lac. La cascade est alimentée par le ruissellement des montagnes Koolau, et son débit et sa force varient en fonction des précipitations.

Le trajet de 1,3 km jusqu'à la cascade suit un itinéraire bien entretenu qui traverse un ruisseau et traverse un bosquet de bambous. La randonnée dure environ 30 à 45 minutes aller simple et convient aux personnes de tout âge et de tout niveau de condition physique.

La piste, cependant, peut être boueuse, glissante et rocheuse, les visiteurs doivent donc porter des chaussures appropriées, apporter des boissons et un anti-insectes et s'en tenir au chemin défini. Les visiteurs doivent également éviter de nager dans la piscine car elle pourrait être contaminée par la leptospirose, une maladie bactérienne pouvant provoquer des maladies graves.

L'Arboretum de Lyon est un jardin botanique et un centre de recherche affilié à l'Université d'Hawaï. Il compte environ 5 000 variétés de plantes, dont des plantes indigènes hawaïennes, des plantes tropicales et des plantes menacées, et s'étend sur 200 acres (81 hectares).

L'arboretum dispose également d'un réseau de sentiers, d'un centre touristique, d'une boutique de cadeaux et d'une bibliothèque.

L'arboretum est ouvert de 9h00 à 15h00, du lundi au vendredi, et l'entrée se fait sur réservation et sur participation. Les visiteurs peuvent explorer l'arboretum par eux-mêmes ou faire une visite guidée tous les jours de la semaine à 10h00. Les visiteurs peuvent également en apprendre davantage sur l'histoire, la culture et la conservation de l'arboretum à travers des expositions, des présentations et des films dans le centre d'accueil.

Visiter les chutes de Manoa et l'arboretum de Lyon est une excellente occasion d'apprécier la beauté et la diversité naturelles d'Honolulu. Les visiteurs peuvent admirer les vues et les sons de la cascade et de la forêt tropicale, ainsi qu'en apprendre davantage sur la flore et les animaux qui résident dans la vallée.

Les visiteurs peuvent également en apprendre davantage sur l'histoire et l'importance de la vallée, puisqu'elle abritait autrefois la monarchie hawaïenne, le site des premières plantations de café et de sucre et a inspiré de nombreuses œuvres littéraires et cinématographiques.

Sentier du phare de Makapuu et jardin botanique du cratère Koko

Le jardin botanique du cratère Koko et le sentier des phares de Makapuu sont deux des sites naturels les plus magnifiques de la côte sud-est d'Hawaï. Ils sont tous deux situés dans le cratère Koko, un cône de tuf volcanique produit par une éruption vieille de 300 000 ans. Ils offrent tous deux des vues imprenables sur l’océan, les montagnes et les îles au large, ainsi que sur une gamme diversifiée de plantes et d’animaux.

Jardin botanique près du cratère Koko

Le jardin botanique de Koko Crater est un jardin botanique qui expose la végétation des régions arides du monde entier. Il s'étend sur 60 acres des pentes intérieures et du bassin du cratère Koko et abrite plus de 200 espèces de plantes, notamment des cactus, des plantes succulentes, des plumerias et des baobabs. Le jardin est organisé en quatre espaces, chacun symbolisant un continent différent :

les Amériques, l'Afrique, Madagascar et Hawaï. Le jardin dispose également d'un réseau de sentiers, d'un centre touristique, d'une boutique de cadeaux et d'une bibliothèque.

Le jardin est ouvert du mercredi au dimanche, de 9h00 à 16h00, et l'entrée se fait sur réservation et contribution. Les visiteurs peuvent explorer le jardin par eux-mêmes ou faire une visite guidée en semaine à 10h00. Les visiteurs peuvent également en apprendre davantage sur l'histoire, la culture et la conservation du jardin à travers des expositions, des expositions et des films dans le centre d'accueil.

Sentier jusqu'au phare de Makapuu

La route du phare de Makapuu est un itinéraire de randonnée qui mène au phare de Makapuu, un phare historique érigé en 1909 et toujours utilisé aujourd'hui. La piste aller-retour de 2 miles suit une route bien pavée qui monte le bord ouest du cratère Koko. La piste est quelque peu difficile, avec une dénivelée de 500 pieds, mais elle convient à la plupart des âges et des niveaux de condition physique.

La promenade offre une vue imprenable sur le littoral panoramique de l'État de Kaiwi, la plage de Makapuu et les îles voisines de Molokai et Lanai. De novembre à mai, l'itinéraire est également un endroit idéal pour observer les oiseaux marins et les baleines à bosse migratrices.

Le sentier est gratuit et ouvert tous les jours de 7h00 à 19h00. Les visiteurs peuvent se garer au début du sentier, situé près du parcours de golf Hawaii Kai, à côté de l'autoroute Kalanianaole. Le sentier est également accessible en bus, à vélo ou en cyclomoteur. Les visiteurs doivent porter des chaussures appropriées, emporter des boissons et de la crème solaire, et éviter de faire de la randonnée pendant les heures de pointe. Les visiteurs doivent également respecter les trésors naturels et culturels et adhérer au sentier homologué. Dole Plantation et le Centre Culturel Polynésien.

Le centre culturel polynésien et la plantation Dole sont deux des sites les plus populaires et les plus fascinants de la côte nord d'Oahu. Ils offrent aux touristes la possibilité de découvrir la culture et l'histoire de la Polynésie et d'Hawaï, ainsi que de découvrir la beauté naturelle et les produits délicieux de l'île.

Le Centre culturel polynésien est un parc à thème et un musée vivant qui met en valeur la culture et le mode de vie des différentes îles de Polynésie. Il s'étend sur 42 acres et comprend six colonies insulaires d'Hawaï, des Samoa, des Tonga, des Fidji, de Tahiti et d'Aotearoa (Nouvelle-Zélande). Une architecture authentique, de l'artisanat, des démonstrations, des contes, de la musique et des danses, ainsi que des activités et des jeux participatifs, sont au rendez-vous dans chaque hameau. Les visiteurs peuvent explorer les villages à leur guise ou participer à une visite guidée proposée toutes les heures.

Des expositions et des spectacles spectaculaires, comme le concours de canoë, le cinéma IMAX et le spectacle nocturne de luau et de feu, sont également proposés aux visiteurs. Le Centre Culturel Polynésien est ouvert de 12h00 à 17h00. à 21h00, du lundi au samedi, et l'entrée nécessite une réservation et un billet. Les prix des billets varient en fonction du forfait et des extras, mais ils varient généralement entre 70 $ et 250 $ par personne. Les visiteurs peuvent également profiter des choix de restauration et de vente au détail du centre, qui comprennent des plats et des souvenirs polynésiens et hawaïens.

Dole Plantation est une attraction touristique qui rend hommage à l'histoire et au patrimoine de l'industrie de l'ananas d'Hawaï. Elle a été créée en 1950 par James Dole, connu comme le « roi de l'ananas » pour sa production et ses exportations réussies d'ananas.

La plantation permet aux visiteurs de voir et de goûter de nombreuses espèces d'ananas, ainsi que d'en apprendre davantage sur la culture et la transformation de l'ananas. Les visiteurs peuvent également profiter des sites et des activités de la plantation, tels que le trajet en train Pineapple Express, la visite du Plantation Garden, le Pineapple Maze et le Pineapple Garden. La plantation est ouverte tous les jours de 9h30 à 17h30 et l'entrée est gratuite.

Le coût varie selon l'attraction et l'activité, mais il varie normalement de 7 $ à 15 $ par personne. Les visiteurs peuvent également visiter la boutique de cadeaux et le snack-bar, qui vend une variété d'articles et de collations à base d'ananas, tels que du jus d'ananas, des glaces et des bonbons.

Chapitre 2 : Meilleures activités

Surf, plongée en apnée et plongée sous-marine

Honolulu est le paradis des surfeurs, des plongeurs en apnée et des plongeurs sous-marins, avec un large éventail de sites, de conditions et d'expériences pour tous les niveaux et tous les intérêts. À Honolulu, que vous soyez novice ou expert, vous trouverez peut-être un endroit pour surfer sur les vagues, explorer les récifs et découvrir les profondeurs.

Surfant

Le surf est l'un des sports les plus populaires et les plus célèbres d'Hawaï, et Honolulu abrite certains des meilleurs sites de surf au monde. La période idéale pour surfer à Honolulu s'étend de novembre à mars, lorsque les vagues du nord et de l'ouest fournissent des vagues plus grosses et plus constantes. Les spots de surf les plus reconnus et les plus difficiles d'Honolulu comprennent :

Pipeline Banzaï: Une vague de classe mondiale qui s'écrase sur un récif corallien peu profond et déchiqueté, formant un tonneau creux et puissant.
Il est situé sur la côte nord d'Oahu et est réservé aux surfeurs avancés et professionnels. C'est également l'une des zones les plus fréquentées et les plus dangereuses, soyez donc prudent et courtois envers les habitants et la réglementation.

Sunset Beach est une autre vague renommée avec plusieurs parties et pics qui offrent une navigation longue et rapide. Il se trouve également sur la côte nord d'Oahu et convient aux surfeurs intermédiaires et avancés. C'est également un lieu célèbre pour les tournois de surf et les événements comme le Vans Triple Crown of Surfing.

Waikiki Beach: Une vague classique et conviviale pour les débutants qui se brise sur un fond sablonneux, ce qui donne une glisse agréable et douce. Il est situé sur la rive sud d'Oahu et convient aux surfeurs de tous niveaux.
C'est aussi un excellent spot pour apprendre à surfer, car il existe plusieurs écoles et moniteurs de surf.

Plongée en apnée

La plongée en apnée est une méthode simple et agréable pour explorer l'écosystème sous-marin et la vie marine d'Honolulu. Il existe plusieurs sites de plongée en apnée à Honolulu, mais la saison optimale s'étend d'avril à octobre, lorsque l'eau est plus calme et plus propre. Les destinations de plongée en apnée les plus attrayantes et accessibles d'Honolulu comprennent :

Réserve naturelle de la baie de Hanauma: Destination privilégiée de plongée en apnée et de baignade, ce sanctuaire marin protège un environnement de récif corallien varié et magnifique. Il est situé sur la rive sud d'Oahu et nécessite une réservation ainsi qu'un coût d'accès.

Dans les eaux propres et peu profondes, vous pourrez observer des centaines d'espèces de poissons différentes, ainsi que des tortues, des raies et des anguilles. Au centre d'éducation maritime, vous pourrez également en apprendre davantage sur l'histoire, la culture et la conservation de la baie.

L'anse des requins: Il s'agit d'une crique rocheuse qui produit une piscine naturelle où vous pourrez plonger avec des poissons, des crabes, des poulpes et des étoiles de mer. Il est situé sur la côte nord d'Oahu et est gratuit. Vous pouvez également explorer les tunnels de lave, les cavernes et les arches environnants, mais faites attention aux vagues et aux courants.

Plage de Kahala: Une plage de sable avec une magnifique expérience de snorkeling où vous pourrez observer des poissons, des tortues et des dauphins. Il est situé sur la côte est d'Oahu et est gratuit.
Des vues sur Diamond Head et le cratère Koko, ainsi que sur les luxueuses demeures et hôtels qui entourent la plage, sont également disponibles.

Plongée sous-marine: est une méthode passionnante et satisfaisante pour explorer les parties les plus profondes et les plus sombres de l'océan ainsi que la vie marine d'Honolulu. De nombreux spots à Honolulu autorisent la plongée sous-marine, mais vous devez être certifié et disposer du matériel approprié. Vous pouvez également participer à un centre de plongée ou à un voyage qui vous donnera la formation et l'équipement requis. Voici quelques-unes des destinations de plongée sous-marine les plus excitantes et les plus diversifiées d'Honolulu :

Épave du Tigre de Mer: Un cargo chinois coulé a produit ce récif artificiel, qui se trouve à une profondeur de 80 à 120 pieds. Il est situé au large de la côte sud d'Oahu et n'est accessible que par bateau.

Vous pourrez observer une variété de poissons, d'anguilles, de raies et de requins et visiter l'intérieur et l'extérieur du navire, y compris les cales, la salle des machines et le pont.

Canyon des tortues: Il s'agit d'un récif naturel qui abrite une importante population de tortues vertes amicales et curieuses. Il est situé au large de la côte sud d'Oahu et n'est accessible que par bateau. À une profondeur de 30 à 40 pieds, vous pouvez observer et nager avec des tortues ainsi que d'autres créatures marines telles que des poissons, des raies et des poulpes.

Plage électrique: Il s'agit d'un récif naturel chauffé par le rejet d'eau chaude d'une centrale électrique voisine, attirant une grande quantité de vie marine, particulièrement en hiver. Il est situé sur la rive ouest d'Oahu et nécessite une entrée côtière pour y accéder.

À une profondeur de 40 à 80 pieds, vous pouvez observer et nager avec des dauphins, des baleines, des tortues, des raies et des poissons.

Observation des baleines, nage avec les dauphins et rencontres avec les tortues

L'observation des baleines, la nage avec les dauphins et les rencontres avec les tortues ne sont que quelques-unes des activités incroyables et inoubliables disponibles à Honolulu, à Hawaï. Vous pourrez voir et en apprendre davantage sur la beauté et l'intellect de ces animaux marins et reptiles, ainsi que sur leur comportement, leur écologie et leur conservation.

Honolulu est une destination populaire pour l'observation des baleines, la baignade avec les dauphins et la rencontre avec les tortues, car elle offre de nombreuses opportunités d'observer et d'interagir avec ces merveilleuses espèces dans leur environnement naturel. Vous pouvez ressentir l'excitation et l'émerveillement d'être à proximité de ces animaux en participant à une excursion en bateau, à une croisière avec tuba ou à une plongée sous-marine.

Vous pourrez également vous former auprès de guides et naturalistes qualifiés, qui vous apprendront à apprécier et à sauvegarder les espèces marines.

L'observation des baleines

L'observation des baleines est une activité populaire et fascinante à Honolulu, en particulier pendant la saison hivernale, de novembre à mai, lorsque les baleines à bosse migrent de l'Alaska à Hawaï pour s'accoupler et mettre bas. Ces magnifiques animaux brisent, jaillissent et barbotent dans l'eau, et leurs mélodies intéressantes peuvent être entendues avec un hydrophone. Parmi les autres baleines que l'on peut observer figurent les cachalots, les globicéphales et les faux épaulards, ainsi que les dauphins, les tortues de mer et les mouettes.

Il existe plusieurs voyages et opérateurs d'observation des baleines à Honolulu, mais les suivants sont parmi les meilleurs :

Indigo Océan Hawaï: Il s'agit d'une petite entreprise respectueuse de l'environnement qui propose des excursions en bateau privées et semi-privées pour des groupes allant jusqu'à six personnes. Avec une équipe détenue et gérée par des femmes et guidée par des naturalistes professionnels et des biologistes de la faune, vous pouvez vivre une rencontre personnalisée et intime. Vous pouvez également vous impliquer dans des programmes de science citoyenne et de conservation marine, notamment la collecte de données, la photographie et l'élimination des déchets.

Par Olina Aventures Océaniques: Une grande entreprise compétente qui propose des excursions avec tuba et des voiles au coucher du soleil pour des groupes allant jusqu'à 32 personnes. Vous vivrez une expérience relaxante et agréable avec un équipage courtois et compétent dirigé par des capitaines et des instructeurs certifiés.
Vous pouvez également utiliser les installations et activités à bord, notamment des kayaks, des planches à pagaie et un toboggan aquatique.

Viateur: Il s'agit d'une plateforme en ligne respectée et digne de confiance qui propose un large éventail de voyages et d'alternatives d'observation des baleines à Honolulu. Vous pouvez réserver en ligne ou par téléphone après avoir comparé les tarifs, les notes et la disponibilité. Vous pouvez également profiter du confort et de la sécurité d'un service client 24 heures sur 24 et d'une politique d'annulation flexible.

Dauphins nageurs

Une autre activité populaire et satisfaisante à Honolulu est la nage avec les dauphins, qui vous permet d'observer et de nager avec ces animaux intelligents et joueurs dans leur habitat naturel.

Vous pouvez interagir avec eux de manière courtoise et sûre en observant leur comportement, comme sauter, tourner et surfer.

De plus, vous pourrez en apprendre davantage sur leur biologie, leur écologie et leur conservation, ainsi que sur la manière de sauvegarder leur environnement et leur population.

Il existe plusieurs excursions et opérateurs de nage avec les dauphins à Honolulu, mais les suivants sont parmi les meilleurs :

Expériences spécialisées Wild Side: Il s'agit d'une petite entreprise respectueuse de l'environnement qui propose des expériences en bateau privé et semi-privé pour des groupes allant jusqu'à six personnes. Avec un personnel détenu et géré par des femmes, guidé par des naturalistes et des biologistes de la faune qualifiés, vous pouvez vivre une expérience immersive et instructive.

Vous pouvez également faire de la plongée en apnée ou sous-marine et observer d'autres espèces marines telles que des tortues, des raies et des poissons.

Croisière avec tuba et plongée avec les dauphins à Oahu: Il s'agit d'une entreprise immense et agréable qui propose des croisières avec tuba et des déjeuners pouvant accueillir jusqu'à 49 personnes. Avec un équipage agréable et professionnel dirigé par des capitaines et des instructeurs formés, vous pourrez vivre un voyage calme et amusant.

Vous pouvez également profiter des installations et des activités du navire, notamment un toboggan marin, des kayaks et des planches à pagaie.

Excursions avec les dauphins à Hawaï: Il s'agit d'une entreprise professionnelle de taille moyenne qui propose des excursions de plongée en apnée et du transport pour des groupes allant jusqu'à 22 personnes. Avec une équipe amicale et instruite dirigée par des naturalistes et des photographes certifiés, vous pourrez vivre un voyage pratique et intéressant. Vous pourrez également profiter des paysages et des animaux le long de la côte ouest d'Oahu, où vous pourrez observer des baleines, des tortues et des phoques.

Rencontres avec des tortues

Une autre activité populaire et amusante à Honolulu est la rencontre avec les tortues, qui vous permet d'observer et de faire de la plongée avec tuba avec ces animaux doux et élégants dans la mer. Vous pourrez apprécier leur taille, leur couleur et leur beauté, ainsi qu'assister à leurs activités, telles que se nourrir, se reposer et nager. De plus, vous pourrez en apprendre davantage sur leur biologie, leur écologie et leur conservation, ainsi que sur la façon de conserver leurs espèces et leurs nids.

Il existe plusieurs voyages et opérateurs de rencontre avec des tortues à Honolulu, mais les suivants sont parmi les meilleurs :

Excursions avec les tortues d'Hawaï: Cette petite entreprise conviviale propose des excursions autour de l'île et de la plongée en apnée pour des groupes allant jusqu'à 14 personnes.
Avec une équipe sympathique et engagée dirigée par des guides et chauffeurs agréés, vous pourrez vivre une expérience culturelle approfondie. Vous pouvez également visiter les sites et attractions de l'île, notamment la plantation de Dole, la côte nord et le centre culturel polynésien.

Voyages en vraie nature à Hawaï: Il s'agit d'une entreprise authentique et de taille moyenne qui propose des sorties snorkeling et du transport pour des groupes allant jusqu'à 24 personnes. Avec une équipe compétente et passionnée dirigée par des naturalistes et des photographes qualifiés, vous vivrez peut-être une expérience véritable et passionnante. Vous pourrez également admirer le paysage et l'histoire de la côte est d'Oahu, ainsi qu'observer d'autres espèces marines telles que des dauphins, des baleines et des poissons.

Tuba avec tortue d'Hawaï: Il s'agit d'une entreprise énorme et réputée qui propose des excursions de plongée avec tuba et des déjeuners pour des groupes allant jusqu'à 49 personnes.

Vous vivrez une expérience luxueuse et confortable avec un équipage courtois et expérimenté dirigé par des capitaines et des instructeurs qualifiés. Vous pouvez également profiter des installations et des activités du navire, notamment une terrasse bien exposée, un bar et un toboggan aquatique.

Randonnée, vélo et équitation

La randonnée, la moto et l'équitation sont quelques-uns des meilleurs moyens d'explorer la beauté naturelle et l'environnement d'Honolulu. Vous pouvez explorer les nombreux environnements de l'île, tels que les montagnes, les bois, les plages et les volcans, en trouvant des itinéraires, des sentiers et des écuries adaptés à votre niveau et à votre choix.

Honolulu est le paradis des randonneurs, des motards et des cavaliers, avec des alternatives, des défis et des expériences adaptés à toutes les préférences et capacités.

Si vous souhaitez faire une randonnée jusqu'à une cascade, faire du vélo le long du rivage ou monter à cheval dans une vallée, Honolulu a un endroit pour vous.

Randonnée

La randonnée est une activité populaire et agréable à Honolulu car elle vous permet de découvrir certains des paysages les plus beaux et les plus distinctifs de l'île. Randonnée jusqu'au sommet d'un volcan, comme Diamond Head ou Koko Crater, vous offrira une vue panoramique sur la ville et l'océan. Faire une randonnée jusqu'à une cascade, comme les chutes de Manoa ou de Maunawili, peut également être une expérience agréable et pittoresque. La randonnée dans une forêt tropicale, comme l'Arboretum de Lyon ou la crête de Wa'ahila, est une autre option pour découvrir la flore et les animaux de l'île.

Il existe plusieurs itinéraires de randonnée et parcs à Honolulu, mais les suivants sont parmi les meilleurs :

Monument d'État de Diamond Head: Une marche de 1,3 kilomètre monte jusqu'au sommet de Diamond Head, un cône de tuf volcanique qui sert de symbole à Honolulu. Le terrain est assez difficile, avec des marches raides, des lacets et un tunnel. La promenade offre une vue imprenable sur la ville et l'eau et convient aux personnes de tout âge et de tout niveau de forme physique. Le sentier est accessible tous les jours de 6h00 à 18h00 et l'entrée et le stationnement sont payants.

Itinéraire des chutes de Manoa: Un parcours de 2,6 kilomètres mène aux chutes de Manoa, une magnifique cascade qui tombe de 46 mètres dans un petit bassin.
La promenade est de difficulté simple à modérée puisqu'elle suit un sentier bien entretenu qui enjambe un ruisseau et traverse un bosquet de bambous.

L'itinéraire offre une expérience paisible et pittoresque aux marcheurs de tous niveaux. Le sentier est accessible tous les jours de 7h00 à 17h00, avec un parking payant.

Promenade Arboretum de Lyon: Il s'agit d'une promenade de 3 kilomètres qui mène à l'Arboretum de Lyon, un parc botanique et un institut de recherche qui expose des plantes des régions arides du monde entier. La piste est de difficulté facile à modérée puisqu'elle suit une route goudronnée le long du bord ouest du cratère Koko. Le sentier offre une expérience fascinante et informative aux marcheurs de tous niveaux. Le sentier est accessible du mercredi au dimanche, de 9h00 à 16h00, et l'entrée nécessite une réservation ainsi qu'une contribution.

Cyclisme

Le vélo est un autre passe-temps populaire et agréable à Honolulu car il vous permet de parcourir plus de territoire et de voir davantage de monuments de l'île. Faites du vélo le long du front de mer, comme le boulevard Ala Moana ou l'autoroute Kalanianaole, pour profiter de la vue sur l'océan et les plages. Vous pouvez également faire du vélo dans la campagne, comme sur la Côte-Nord ou sur la Côte du Vent, et admirer le paysage des montagnes et des fermes. Vous pouvez également parcourir la ville, comme le centre-ville ou Chinatown, et admirer l'architecture et la culture.

Il existe plusieurs pistes et pistes cyclables à Honolulu, mais voici quelques-uns des meilleurs :

Piste cyclable du boulevard Keuneula: Il s'agit d'une piste cyclable de 5,6 kilomètres qui va du parcours de golf Hawaii Kai au parc Sandy Beach. La balade à vélo est simple et plate, avec vue sur la plage, le cratère Koko et Koko Head. La piste cyclable convient à tous les niveaux et est ouverte tous les jours du lever au crépuscule.

Piste de Ka'ena Point: Une piste cyclable de 8 kilomètres qui longe Ka'ena Point, le point le plus à l'ouest d'Oahu. La piste est modérée à difficile car elle suit une route non pavée et rocailleuse à travers des dunes et des champs de lave. La piste cyclable offre une vue sur l'océan, les montagnes et les animaux, notamment les mouettes et les phoques. La piste cyclable est disponible tous les jours du lever au crépuscule et convient aux cyclistes intermédiaires et avancés.

Visite à vélo des gourmets hawaïens: Cette visite à vélo de 3 heures vous amène dans certains des lieux de cuisine les plus grands et les plus authentiques d'Honolulu. Le trajet à vélo est simple et agréable puisqu'il suit un chemin généralement plat et pavé couvrant environ 14 kilomètres. La visite à vélo offre une expérience gastronomique et culturelle en dégustant du poke, du spam musubi et des malasadas tout en découvrant leur histoire et leur signification. Le voyage à vélo convient à tous les niveaux de motocyclistes et nécessite une réservation ainsi qu'un supplément.

Monter à cheval

Un autre sport populaire et divertissant à Honolulu est l'équitation, qui permet de voir l'île comme un paniolo (cowboy hawaïen).

Monter à cheval dans une vallée, comme le Kualoa Ranch ou le Gunstock Ranch, vous permet d'admirer le paysage des montagnes et des bois. Vous pouvez également monter à cheval le long d'une plage, comme celle du Turtle Bay Resort ou du Hawaii Polo Club, et profiter des vues sur l'océan et le sable. Vous pouvez également monter à cheval dans un cratère, comme le cratère Koko ou le Diamond Head, et profiter de la ville et des vues volcaniques.

Il existe plusieurs excursions et écuries à cheval à Honolulu, mais les suivantes sont parmi les meilleures :

Gunstock Ranch : Il s'agit d'un ranch familial qui propose des excursions à cheval privées et semi-privées pour des groupes allant jusqu'à six personnes.

Vous pouvez profiter de la vue sur les montagnes et l'océan en participant à l'une des nombreuses excursions, telles que la balade panoramique, la balade au coucher du soleil ou la balade pique-nique. Les voyages conviennent aux cyclistes de tous niveaux et nécessitent une réservation et un supplément.

Bike Tour Hawaii : Il s'agit d'une entreprise détenue et exploitée par une femme qui propose des excursions à cheval privées et semi-privées pour des groupes allant jusqu'à six personnes. Vous pouvez profiter de la vue sur l'océan et la forêt tropicale en participant à l'une des nombreuses excursions, telles que la balade sur la plage, la balade en montagne ou la balade en cascade. Les voyages conviennent aux cyclistes de tous niveaux et nécessitent une réservation et un supplément.

Turtle Bay Resort Horse Riding : Il s'agit d'un complexe hôtelier et d'une attraction touristique qui propose des excursions et des activités à cheval pour des groupes allant jusqu'à 32 personnes.
Vous pourrez profiter de la vue sur l'eau et la plage tout en participant à de nombreuses excursions telles que le trail, la balade à poney ou les cours de polo. Les voyages conviennent aux cyclistes de tous niveaux et nécessitent une réservation et un supplément.

Faire un hula, un luau et un lei

Honolulu est une destination fantastique pour découvrir la fabrication de luau, hula et lei, car elle propose un large éventail d'activités, de lieux et d'expériences pour tous les intérêts et tous les budgets.

Vous pourrez découvrir la cuisine, la musique et la danse des îles en assistant à un luau, un festin et un spectacle hawaïen. Vous pouvez également apprendre le hula, la danse indigène d'Hawaï, et vous exprimer par des mouvements et des chants.

Vous pouvez également fabriquer votre lei, une guirlande de fleurs, de feuilles ou de coquillages que vous pourrez porter comme symbole d'aloha et de convivialité.

Luau

Un luau est un festin hawaïen qui comprend une cuisine traditionnelle et moderne comprenant du poi, du laulau, du cochon kalua, du poisson lomi, du poke et du haupia. Un luau

comprend également un spectacle de musique et de danse hawaïennes et polynésiennes, notamment du ukulélé, de la guitare slack key, du hula et des couteaux enflammés.

Un luau est une façon amusante et festive d'en apprendre davantage sur l'histoire et la culture d'Hawaï tout en socialisant avec d'autres touristes et locaux.

Il existe plusieurs emplacements et opérateurs de luau à Honolulu, mais les suivants sont parmi les meilleurs :

Paradise Cove Luau : Il s'agit d'un luau immense et populaire organisé au Ko Olina Resort sur la côte ouest d'Oahu. Avec un personnel agréable et expérimenté et une gamme d'activités et de divertissements, vous pourrez vivre une expérience pittoresque et paisible. Vous pouvez également profiter des commodités et des attractions du complexe, telles que la plage, le lagon et le terrain de golf.

Le Luau de Germaine : Il s'agit d'un luau traditionnel de taille moyenne organisé sur une plage privée de la côte sud-ouest d'Oahu.
Avec un personnel aimable et expérimenté et une ambiance familiale, vous vivrez peut-être une expérience réelle et intime. Vous pourrez également admirer les paysages et la faune du rivage, comme le coucher de soleil, les étoiles et les tortues.

Luau du chef : Il s'agit d'un petit luau interactif organisé à Wet'n'Wild Hawaii, sur la côte ouest d'Oahu. Avec un hôte charismatique et plein d'esprit et une attitude participative, vous vivrez peut-être une expérience amusante et instructive. Vous pourrez également profiter des manèges et attractions du parc aquatique, comme les toboggans, les piscines et la piscine à vagues.

Hula

Le Hula est une danse hawaïenne qui utilise des mouvements et des chants pour communiquer des histoires et des légendes. Le hula est une forme d'art élégante et expressive qui incarne l'esprit et l'identité hawaïenne. Hula est aussi un mode de vie qui implique le respect, la discipline et la coexistence avec la nature et les gens. Hula est une façon charmante et significative d'en apprendre davantage sur l'histoire et la culture d'Hawaï tout en s'exprimant à travers la danse.

Il existe plusieurs salles et écoles de hula à Honolulu, mais les suivantes sont parmi les meilleures :

Palais Iolani: Cette institution historique et culturelle propose un spectacle de hula gratuit tous les vendredis de 12h00 à 17h00. à 13h00

Sur le terrain du seul palais royal des États-Unis, vous pourrez assister à un spectacle de hula classique et exquis donné par le Royal Hawaiian Band et le Hula Halau. Le palais abrite également la chambre du trône, les joyaux de la couronne et la suite privée du roi.

Spectacle de danse sur la plage de Kuhio: Tous les mardis, jeudis et samedis de 18h30 à 18h30. À 19h30, cet endroit magnifique et énergique organise un spectacle de hula gratuit. Sur une scène près de la plage de Waikiki, vous pourrez assister à un spectacle de hula contemporain et animé présenté par plusieurs groupes et musiciens de hula. Vous pouvez également profiter du paysage et de l'ambiance de la plage, comme l'océan, le coucher du soleil et l'éclairage des torches.

Centre d'approvisionnement de Hula: Il s'agit d'un magasin respecté et fiable qui fournit des instructions et du matériel de hula aux personnes de tous âges et de tous niveaux.
Dans un studio ou en ligne, vous pouvez apprendre les bases et les compétences du hula auprès d'instructeurs expérimentés et agréés. Des tenues et accessoires Hula, tels que des jupes, des hauts, des colliers et des outils, peuvent également être achetés ou loués.

Faire un collier

La fabrication de Lei est un artisanat hawaïen dans lequel une guirlande de fleurs, de feuilles ou de coquillages est fabriquée et portée comme symbole d'aloha et de convivialité.

Fabriquer des colliers est un passe-temps simple et agréable qui peut être pratiqué par n'importe qui, n'importe où et à tout moment.

Faire un lei est aussi une méthode pour exprimer le respect, la gratitude et l'amour de soi-même et des autres.

Faire des colliers est une façon belle et aromatique d'en apprendre davantage sur la flore et la culture d'Hawaï tout en créant votre souvenir.

Il existe plusieurs magasins et cours de fabrication de lei à Honolulu, mais voici quelques-uns des meilleurs :

Collier de fleurs d'Hawaï: Il s'agit d'une entreprise familiale qui propose une formation et une livraison de colliers pour un maximum de 20 visiteurs. Vous pouvez apprendre à fabriquer de nombreux types et styles de lei, notamment l'orchidée, le plumeria, la feuille de ti et le haku, auprès d'instructeurs qualifiés et sympathiques.

Vous pouvez désormais acheter et obtenir des lei frais et délicieux partout aux États-Unis.

Atelier de fabrication de Lei au Royal Hawaiian Center: Tous les lundis de 13h00 à 17h00 De 14h00 à 14h00, au Royal Hawaiian Center, un complexe commercial et de divertissement à Waikiki. Un tuteur qualifié et aimable peut vous apprendre à construire un collier simple et attrayant à partir de fleurs fraîches et aromatiques. Vous pouvez également profiter des services et activités du centre, tels que ses magasins, ses restaurants et ses manifestations culturelles.

Fabrication de lei avec tante Lani: Il s'agit d'une séance privée et sur mesure pouvant accueillir jusqu'à 10 personnes qui se déroule chez vous ou à votre hôtel.

Un instructeur amusant et passionné peut vous apprendre à construire un collier unique et créatif à partir de divers matériaux tels que des fleurs en soie, des rubans, des bonbons, du fil et des petites bouteilles.

Shopping, restauration et divertissement

Le shopping, la gastronomie et la vie nocturne ne sont que quelques-unes des nombreuses activités divertissantes et diversifiées disponibles à Honolulu, à Hawaï. Il existe des alternatives, des lieux et des expériences pour tous les goûts et tous les budgets. Acheter des marques locales et mondiales, déguster des cuisines hawaïennes et mondiales et faire la fête dans des pubs et des clubs aux thèmes hawaïens et polynésiens sont autant d'options.

Honolulu est un paradis pour le shopping, la gastronomie et les noctambules, avec une multitude d'options pour vous adonner à vos passe-temps et passions préférés.

Honolulu a une place pour tout le monde, que vous souhaitiez faire des folies avec des marques de créateurs, apprécier la cuisine traditionnelle ou danser toute la nuit.

Achats

Le shopping est l'une des activités les plus populaires et les plus gratifiantes d'Honolulu, car elle vous permet de découvrir les articles distincts et diversifiés de l'île. Les souvenirs, l'artisanat, l'art, les vêtements, les bijoux et autres articles peuvent être achetés auprès de vendeurs et de détaillants locaux et internationaux.

Les marchés de producteurs et les magasins spécialisés vendent également des produits frais et délicieux comme des ananas, du café, des noix de macadamia et du miel.

Honolulu compte divers lieux et zones de vente au détail, mais certains des plus grands sont :

Centre Ala Moana

Il s'agit du centre commercial le plus grand et le plus populaire d'Honolulu, ainsi que l'un des plus grands au monde. Il s'étend sur 60 acres et abrite plus de 350 détaillants, restaurants et lieux de divertissement. Des marques de luxe comme Chanel, Gucci et Prada sont disponibles, tout comme les favoris locaux comme Hilo Hattie, Island Soap & Candle Works et Hawaiian Quilt Collection.

Vous pouvez également profiter des installations et des activités du centre commercial, notamment le parc Ala Moana Beach, Centerstage et Shirokiya Japan Village Walk.

Place du marché international: Au cœur de Waikiki, ce quartier historique et culturel était à l'origine un lieu de rassemblement de la monarchie et du commerce hawaïens. Il compte plus de 100 boutiques, restaurants et lieux de divertissement qui mettent en valeur la richesse et le dynamisme d'Hawaï et du Pacifique. Tout, des souvenirs comme les ukulélés, les leis et les chemises aloha aux noms mondiaux comme Saks Fifth Avenue, Fabletics et Swarovski, est disponible. Vous pouvez également profiter des images et des sons du marché, notamment le banian, les jeux d'eau et le spectacle de hula nocturne

Quartier chinois: Quartier historique et animé du centre-ville d'Honolulu, Chinatown abrite une communauté ethnique et créative diversifiée. Il compte plus de 200 magasins, cafés et galeries proposant un mélange de biens et services traditionnels et contemporains. De tout, des aliments asiatiques, des herbes et des épices à l'artisanat, aux antiquités et à l'art hawaïens, vous pouvez trouver ici. Vous pouvez également assister aux activités et festivals de Chinatown tels que le premier vendredi, le Nouvel An chinois et le marché nocturne d'Honolulu.

À manger

Une autre activité populaire et agréable à Honolulu est la restauration, qui vous permet de goûter aux saveurs et aux délices d'Hawaï et du monde.

Les cafés et food trucks locaux et familiaux servent des spécialités hawaïennes comme le poke, le laulau, le kalua pig et la glace pilée.
Les restaurants et cafés gastronomiques et informels proposent des cuisines étrangères telles que la japonaise, la chinoise, la thaïlandaise et l'italienne.

Il existe plusieurs établissements de restauration et alternatives à Honolulu, mais certains des meilleurs incluent :

La cuisine hawaïenne d'Helena: Depuis 1946, ce restaurant emblématique et primé sert une cuisine hawaïenne authentique et savoureuse. C'est une entreprise familiale qui utilise des produits frais et locaux ainsi que des recettes et des procédés traditionnels.

Vous pouvez goûter à leurs plats de marque, notamment les côtes levées de pipikaula, le calmar luau, le cochon kalua et le haupia. Vous apprécierez peut-être également leur atmosphère accueillante et confortable, ainsi que leurs faibles coûts.

Waikiki du Roy: Il s'agit d'un restaurant sophistiqué et élégant qui propose une cuisine fusion et imaginative d'inspiration hawaïenne et asiatique. Il fait partie du groupe de restaurants Roy's, créé par le chef Roy Yamaguchi, reconnu pour sa cuisine créative et savoureuse. Les plats phares comprennent le poisson-beurre miso yaki, le mahi mahi en croûte de noix de macadamia, les côtes levées braisées et le soufflé au chocolat. Vous pourrez également profiter de leur atmosphère élégante et spacieuse, ainsi que de leur excellent service.

Marukame Udon: Ce restaurant populaire et informel propose des nouilles udon fraîchement préparées dans une variété de bouillons et de garnitures. Elle fait partie du réseau Marugame Seimen, la plus grande chaîne d'udon du Japon avec des sites dans de nombreux pays.

Choisissez votre udon, comme le kake udon, le curry udon ou le niku udon, puis ajoutez votre choix de tempura, comme des crevettes, du poulet ou des légumes. Vous pouvez également profiter de leur système rapide et libre-service, ainsi que de leurs coûts raisonnables.

Vie nocturne

Une autre activité populaire et intéressante à Honolulu est la vie nocturne, qui vous permet de profiter de la musique et de la danse hawaïenne et pacifique. Vous pouvez faire la fête dans les pubs et clubs aux thèmes hawaïens et polynésiens, qui proposent des groupes live, des DJ et des artistes qui jouent d'instruments comme le ukulélé, la guitare slack key, le hula et les couteaux à feu. Vous pouvez également faire la fête dans des bars et clubs sophistiqués et à la mode, spécialisés dans différents genres tels que le rock, la pop, le hiphop et l'EDM.

Il existe plusieurs établissements et alternatives de vie nocturne à Honolulu, mais voici quelques-uns des meilleurs :

Waikiki du Duc: Un bar et restaurant historique et renommé honorant Duke Kahanamoku, le célèbre surfeur hawaïen et nageur olympique. Il est situé sur la plage de Waikiki et offre une vue imprenable sur l'océan et le coucher du soleil.

Vous pouvez essayer leurs cocktails et leurs repas, comme le mai tai, la coulée de lave, les tacos au poisson et la tarte hula. De la musique live et des divertissements, tels que le Henry Kapono, les Ka'ala Boys et les danseurs de hula, sont également disponibles.

RhumFeu: Un bar-salon chic et tendance avec un environnement moderne et élégant. Il est situé dans le Sheraton Waikiki et offre une vue imprenable sur l'océan et Diamond Head. Vous pourrez déguster leurs cocktails et leurs repas, notamment le mojito, le martini, le pain plat et le poke. Vous pouvez également écouter leur musique et regarder leurs divertissements, qui comprennent des DJ, des groupes et des danseurs.

La discothèque du quartier: Une discothèque contemporaine et chère avec un environnement vivant et dynamique. Il est situé au Centre Ala Moana et dispose d'un système de son et d'éclairage de pointe. Vous pourrez profiter de leurs cocktails ainsi que de services VIP comprenant un service de bouteilles, un service à table et des stands privés. Vous pourrez également profiter de la musique et des divertissements proposés par les DJ, MC et gogo danseurs.

Musées, galeries d'art et monuments historiques

Les musées, les galeries d'art et les sites historiques sont d'excellents endroits pour en apprendre davantage sur l'histoire et la culture d'Honolulu. Plusieurs lieux et expositions mettent en valeur l'art, les reliques et l'histoire d'Hawaï et du Pacifique.

Honolulu est une ville riche et diversifiée offrant de nombreuses possibilités de découvrir le passé et le présent d'Hawaï et du Pacifique. Que vous soyez intéressé par les coutumes historiques et autochtones, les influences coloniales et modernes ou les manifestations naturelles et créatives, Honolulu a de quoi satisfaire votre curiosité et votre plaisir.

Musées

Les musées sont une activité populaire et instructive à Honolulu car ils vous permettent de voir et d'en apprendre davantage sur les caractéristiques distinctes et diverses d'Hawaï et du Pacifique. Depuis les premiers habitants polynésiens jusqu'à nos jours, vous pourrez voir et en apprendre davantage sur l'art, l'histoire, la science et la culture des îles et de la région. Vous pourrez également observer et découvrir la vie naturelle et marine des îles et des mers, notamment les volcans, les jungles, les récifs coralliens et les baleines.

Il existe plusieurs musées à Honolulu, mais les suivants sont parmi les meilleurs :

Musée d'art de l'État d'Hawaï (HISAM) : Ce musée expose et explore l'art et la culture hawaïennes à travers une collection de plus de 6 000 pièces d'artistes locaux et internationaux. Le musée présente plusieurs expositions, notamment Art in Public Places, Hawaii Artists et Hawaii Art Now. Le musée accueille également des événements spéciaux tels que le premier vendredi, le deuxième samedi et le déjeuner artistique. Le musée est gratuit et ouvert du mardi au samedi, de 10h00 à 16h00.

Musée d'art d'Honolulu : Ce musée présente et promeut l'art et la culture d'Hawaï et du Pacifique à travers une collection de plus de 50 000 pièces provenant de diverses époques et lieux. Les expositions du musée comprennent les arts d'Hawaï, les arts d'Asie et les arts du monde islamique.

Le musée accueille également des événements tels que le dimanche en famille, Art After Dark et la journée gratuite de la Bank of Hawaii. Le musée est ouvert du mardi au dimanche, de 10h00 à 16h30, et l'entrée est gratuite.

Musée de l'évêque: Grâce à une collection de plus de 24 millions d'objets et de spécimens, le Bishop Museum protège et interprète l'histoire et la science d'Hawaï et du Pacifique. Le Hawaiian Hall, le Pacific Hall et le Science Adventure Center font partie des expositions du musée. Le musée propose également une variété d'activités, notamment le Planétarium, le N Mea Makamae et les Wayfinders. Le musée est ouvert du mercredi au dimanche, de 9h00 à 17h00, et l'entrée est gratuite.

Galeries d'art

Une autre activité populaire et divertissante à Honolulu est la visite des galeries d'art, qui vous permettent d'explorer et d'apprécier l'originalité et la diversité d'Hawaï et du Pacifique.

Vous pouvez voir et acheter les œuvres d'artistes locaux et internationaux travaillant dans une variété de genres et de médiums, notamment la peinture, la sculpture, la photographie et les bijoux. Vous pouvez également discuter avec les artistes et découvrir leur inspiration et leurs compétences.

Il existe plusieurs galeries d'art à Honolulu, mais les suivantes sont parmi les meilleures :

Où Galerie: Cette galerie expose et vend les œuvres d'artistes et artisans locaux et contemporains issus de divers domaines et genres, notamment la céramique, le verre, le bois et la fibre. La galerie accueille une variété d'expositions, notamment celles des artisans d'Hawaï, de la Guilde des potiers d'Hawaï et de la Guilde du bois d'Hawaï. La galerie accueille également une variété d'événements, tels que le premier vendredi, des conférences d'artistes et des dédicaces de livres.
La galerie est ouverte de 10h00 à 21h00. Du lundi au samedi et de 10h00 à 18h00 le dimanche.

Galerie Peter Lik: Cette galerie expose et vend le travail de Peter Lik, un photographe de renommée mondiale et primé qui capture la beauté et le drame de la nature et des paysages.

La galerie présente plusieurs expositions, notamment Hawaï, Océanie et Sacred Sunrise. La galerie propose également des services tels que des visites privées, un encadrement personnalisé et une consultation artistique. La galerie est ouverte de 10h00 à 22h00, du lundi au dimanche.

Galerie Louis Pohl: Il s'agit d'une galerie qui expose et vend les œuvres de Louis Pohl, un artiste célèbre et important qui a peint des paysages et des personnages d'Hawaï et du Pacifique.

La galerie présente une variété d'expositions, notamment Chinatown, Waikiki et Kauai. La galerie organise également une variété d'activités, notamment le premier vendredi, une promenade artistique et des cours d'art.

La galerie est ouverte de 11h00 à 17h00. Du mardi au vendredi et de 11h00 à 16h00 Samedi.

Lieux historiques

Une autre activité populaire et satisfaisante à Honolulu est la visite de monuments historiques, qui vous permettent de découvrir et de comprendre le passé et le présent d'Hawaï et du Pacifique. Des périodes anciennes et indigènes aux époques coloniales et actuelles, vous pourrez explorer et découvrir les sites et les événements qui ont façonné l'histoire et l'identité des îles et de la région.

Les visiteurs peuvent également en apprendre davantage sur les personnes et les dirigeants qui ont façonné l'histoire et l'identité des îles et de la région, de la monarchie et des héros hawaïens aux présidents et guerriers américains.

Honolulu possède plusieurs monuments historiques, mais certains des plus grands sont :

Palais Iolani : Il s'agit du seul palais royal des États-Unis et d'un symbole de la royauté et de l'histoire hawaïennes. Il a été érigé en 1882 par le dernier souverain d'Hawaï, David Kalakaua, en hommage à son prédécesseur, le roi Kamehameha Ier, qui a unifié les îles hawaïennes en 1810. Le palais est une merveille architecturale, combinant des designs hawaïens, américains et européens, comme ainsi que des installations contemporaines, notamment l'électricité, les téléphones et la plomberie intérieure.

Le palais servit de résidence officielle aux rois hawaïens et de siège de l'administration jusqu'en 1893, date à laquelle ils furent déposés par un groupe d'hommes d'affaires américains et annexés par les États-Unis. Le palais a ensuite été utilisé comme capitale, quartier général militaire et musée jusqu'à ce qu'il soit restauré à son ancienne gloire en 1978. Aujourd'hui, le palais est un monument historique national et un musée vivant où les visiteurs peuvent voir les vastes salles, la salle du trône, des suites privées et des trésors royaux et découvrez l'histoire et la culture de la monarchie hawaïenne.

Mémorial national de Pearl Harbor: Il s'agit d'un mémorial national qui commémore et honore les victimes et les survivants de l'attaque des forces japonaises le 7 décembre 1941 sur Pearl Harbor, une base navale et un port d'Oahu, qui a marqué l'entrée des États-Unis dans la Seconde Guerre mondiale. Le mémorial se compose de divers sites et attractions, notamment le mémorial de l'USS

Arizona, le musée et parc du sous-marin USS Bowfin, le musée de l'aviation de Pearl Harbor et le cuirassé Missouri. Il existe de nombreuses expositions et expositions au monument, telles que le Pearl Harbor Visitor Center, Road to War et Attack Gallery. Le monument est ouvert du mercredi au dimanche, de 7h00 à 17h00, et l'entrée nécessite une réservation et un billet.

Shangri-La: Il s'agit d'un musée d'art, de culture et de design islamiques, ainsi que de l'ancienne demeure de Doris Duke, une riche et charitable héritière américaine qui a beaucoup voyagé au Moyen-Orient, en Asie du Sud et en Afrique du Nord et a rassemblé une collection d'œuvres d'art. plus de 3 500 objets d'art islamique.

Le musée se trouve sur un site côtier de 5 acres et présente une architecture spectaculaire et variée mêlant les styles islamique, hawaïen et américain, ainsi que des éléments tels que des carreaux, des tapis, des meubles et des fontaines. Le musée possède également un jardin riche et exotique inspiré des décors et de la végétation islamiques. Le musée est ouvert du mercredi au samedi, de 9h00 à 15h00, et l'entrée se fait sur réservation et payante.

Spas, yoga et autres formes de bien-être

Les spas, le yoga et le bien-être ne sont que quelques-unes des activités disponibles à Honolulu, à Hawaï, pour vous aider à détendre votre corps, votre esprit et votre âme. Massages, soins du visage, soins, ateliers et programmes adaptés à vos besoins et à vos goûts sont disponibles dans une gamme d'emplacements et de services.

Honolulu est une ville qui offre plusieurs options pour prendre soin de vous et améliorer votre bien-être dans une magnifique atmosphère tropicale. Si vous souhaitez détendre vos muscles, revitaliser votre peau ou équilibrer vos énergies, Honolulu a un endroit pour vous.

Les thermes

Les spas sont une activité populaire et satisfaisante à Honolulu car ils vous permettent de profiter des effets apaisants de nombreuses thérapies et produits inspirés d'Hawaï et du monde. Il existe plusieurs spas parmi lesquels choisir, notamment :

Spa bien-être à Hawaï: Ce paradis au cœur d'Honolulu offre une expérience unique en son genre qui élèvera votre conscience physique et spirituelle.

Leurs thérapeutes experts adapteront votre séance à vos besoins spécifiques, en utilisant une variété de méthodes et d'huiles essentielles biologiques. Des soins du visage sont également disponibles, avec les produits de soins de la peau Eminence Organics et YonKa Paris utilisés.

Kala Spa Honami : Il s'agit d'un salon de beauté qui propose des soins tels que des soins capillaires, des soins des ongles et de l'épilation à la cire. Ils proposent également des massages tels que des huiles parfumées et des massages aux pierres chaudes, ainsi que des soins du visage utilisant des produits japonais et coréens. Leur personnel est courtois et serviable et leurs prix sont abordables.

Moana Lani Spa : Il s'agit du seul spa en bord de mer de Waikiki, proposant des soins uniques inspirés des pratiques de guérison traditionnelles hawaïennes.

Ils proposent des massages comme le lomi lomi et le pohaku, des soins du visage comme malie et Moana et des soins corporels comme kai et aina.

Un centre de remise en forme, un hammam, un sauna et un bain à remous sont également disponibles.

Yoga

Le yoga est un autre exercice populaire et agréable à Honolulu car il vous permet de pratiquer et d'améliorer votre santé physique, mentale et émotionnelle via une variété de positions, de techniques de respiration et de méditation. Il existe plusieurs studios et cours de yoga parmi lesquels choisir, notamment :

Plage Coucher de Soleil Yoga Hawaï: Il s'agit d'un studio de yoga sur la plage avec de belles vues sur l'océan et le coucher du soleil. Ils proposent une variété de techniques de yoga pour tous les niveaux et tous les âges, notamment le vinyasa, le hatha et le yin.

Des activités spéciales telles que le yoga de la pleine lune, le yoga léger et la guérison par le son sont également disponibles.

Yoga Kaï: Ce studio de yoga propose des cours de standup paddle sur les eaux tranquilles du parc Ala Moana Beach. Ils proposent de nombreuses formes de yoga pour tous les niveaux et toutes les capacités, notamment le flux, la puissance et le rajeunissement. Des cours privés, des activités de groupe et des retraites sont également disponibles.

Centre immobile et en mouvement: Il s'agit d'un centre de yoga qui propose des cours de yoga, de Pilates, de danse, d'arts martiaux et de méditation. Ils proposent des cours de yoga à des personnes d'âges et d'horizons divers, notamment Ashtanga, Iyengar et Kundalini.

Des ateliers, des événements et des formations pour enseignants sont également disponibles.

Bien-être

Un autre passe-temps populaire et agréable à Honolulu est le bien-être, qui vous permet d'améliorer et de maintenir votre santé et votre bonheur en général grâce à une variété de services et de programmes. Vous pouvez choisir parmi plusieurs installations et alternatives de bien-être, notamment :

Thérapie naturelle d'Hawaï: Un centre de bien-être qui propose des soins de massothérapie, d'acupuncture, de chiropratique et de naturopathie pour soulager la douleur, le stress, les blessures ou la maladie. Ils emploient des thérapies naturelles et holistiques adaptées à vos besoins et objectifs.

Des forfaits bien-être, des chèques-cadeaux et des adhésions sont également disponibles.

Fitness et massage à l'infini: Un centre de bien-être qui propose un entraînement personnel, des massages et un coaching nutritionnel pour vous aider à améliorer votre forme physique, votre bien-être et votre style de vie. Ils disposent d'une équipe de spécialistes formés et expérimentés qui vous conseilleront et vous inspireront pour obtenir les résultats que vous souhaitez. Un appartement de grand standing doté d'une véranda et offrant une vue sur la plage de Waikiki est également disponible.

Fabrication de lei avec tante Lani: Il s'agit d'une activité de bien-être dans laquelle vous confectionnez un lei, qui est une guirlande de fleurs, de feuilles ou de coquillages, et que vous le portez en signe d'aloha et de convivialité. Un tuteur joyeux et passionné vous apprendra à construire un collier à partir de divers matériaux tels que des fleurs en soie, des rubans, des bonbons, du fil et des petites bouteilles. Vous pouvez également écouter les anecdotes et les recommandations de tante Lani en tant que créatrice de lei locale et experte.

Chapitre 3 : Itinéraire de la semaine pour Honolulu

Jour 1 : Arrivée à la plage de Waikiki

Votre première journée à Honolulu consiste à vous installer et à découvrir le cœur et l'âme de la ville, Waikiki Beach. Waikiki est une zone dynamique et active avec tout, des hôtels de luxe, restaurants et magasins aux sites historiques, parcs et musées. Waikiki est également l'endroit idéal pour profiter de la plage, de l'océan et du coucher de soleil, ainsi que de l'esprit hawaïen de l'aloha.

Matin : Petit-déjeuner et enregistrement

Vous pouvez prendre un taxi, une navette ou un bus depuis l'aéroport international Daniel K. Inouye jusqu'à votre hôtel à Waikiki, situé à

environ 16 km. Le trajet peut durer de 20 minutes à une heure, selon le trafic.
Vous pouvez également louer une voiture à l'aéroport, bien que le stationnement à Waikiki puisse être coûteux et limité.

Vous pouvez vous enregistrer et déposer vos bagages une fois arrivé à votre hôtel. Si votre logement n'est pas encore prêt, vous pouvez laisser vos affaires à la réception et partir à la découverte. Alternativement, après votre voyage, vous pourrez vous détendre dans votre hôtel et vous rafraîchir.

En fonction de votre humeur et de votre faim, vous pouvez choisir parmi une gamme d'alternatives à Waikiki pour votre premier petit-déjeuner à Honolulu. Voici quelques-unes de nos suggestions :

Des œufs et des choses : Ce restaurant populaire et charmant propose des plats copieux pour le petit-déjeuner, notamment des crêpes, des gaufres, des omelettes et des œufs Bénédicte.
Ils servent également des plats locaux, notamment du loco moco, du spam musubi et des saucisses portugaises. Le restaurant est ouvert de 6h00 à 14h00 et il y a souvent une longue file d'attente, alors planifiez en conséquence.

Valeur: Un café élégant et minimaliste servant un café exceptionnel et onctueux ainsi que des plats de petit-déjeuner légers et nutritifs comme des toasts à l'avocat, des bols d'açai et du granola. Ils comprennent également des alternatives végétaliennes et sans gluten, ainsi que des classiques australiens comme des toasts aux légumes et des lamingtons.

Leonard's Bakery : une boulangerie célèbre et emblématique servant les malasadas les plus savoureuses de la ville. Les Malasadas sont des beignets frits enrobés de sucre qui sont parfois remplis de crème anglaise, de chocolat ou de haupia (pudding à la noix de coco).
Ils sont doux, moelleux et addictifs, et ils sont incontournables à Hawaï. La boulangerie est ouverte de 5h30 à 22h00. sur Kapahulu Avenue, à quelques minutes en voiture ou en bus de Waikiki.

Diamond Head et la plage l'après-midi

Après le petit-déjeuner, vous pourrez visiter le Diamond Head State Monument, l'un des sites les plus reconnus et reconnaissables d'Honolulu. Diamond Head est un cône de tuf volcanique situé à 232 mètres au-dessus du niveau de la mer et offrant une vue imprenable sur la ville et l'océan. Un itinéraire de 1,3 kilomètre avec des marches raides, des lacets et un tunnel mène au sommet de Diamond Head. La randonnée est relativement difficile mais agréable, prenant environ une heure. Le sentier est ouvert de 6h00 à 18h00 et l'entrée et le stationnement sont payants.

Après la randonnée, offrez-vous un moment de plage sur la plage de Waikiki, l'une des plages les plus célèbres et les plus pittoresques du monde. Waikiki Beach est une longue et large étendue de sable blanc bordée de palmiers et d'hôtels de grande hauteur, surplombant les mers turquoise et tranquilles de l'océan Pacifique. À la plage, vous pouvez nager, bronzer, surfer, faire du paddle board ou simplement vous détendre et profiter des environs.

Vous pouvez également louer des chaises de plage, des parasols et du matériel auprès des commerçants situés le long de la plage, ou vous inscrire à une séance de surf ou de paddle board avec un professeur local. [5]

Dîner et coucher de soleil le soir

En fonction de vos goûts et de votre budget, vous pouvez choisir parmi une gamme d'alternatives à Waikiki pour votre premier repas à Honolulu. Voici quelques-unes de nos suggestions :

Waikiki du Duc: Un restaurant historique et renommé honorant Duke Kahanamoku, le légendaire surfeur hawaïen et nageur olympique. Il est situé sur la plage de Waikiki et offre une vue imprenable sur l'océan et le coucher du soleil. Vous pouvez essayer leurs cocktails et leurs repas, comme le mai tai, la coulée de lave, les tacos au poisson et la tarte hula. De la musique live et des divertissements, tels que le Henry Kapono, les Ka'ala Boys et les danseurs de hula, sont également disponibles.

Marukame Udon: Ce restaurant populaire et informel propose des nouilles udon fraîchement préparées dans une variété de bouillons et de garnitures. C'est très populaire : il y a toujours une file d'attente. Cependant, la file d'attente passe rapidement, ce qui rend le repas bon et à un prix raisonnable. Choisissez votre udon, comme le kake udon, le curry udon ou le niku udon, puis ajoutez votre choix de tempura, comme des crevettes, du poulet ou des légumes.

Waikiki du Roy: Il s'agit d'un restaurant sophistiqué et élégant qui propose une cuisine fusion et imaginative d'inspiration hawaïenne et asiatique. Il fait partie du groupe de restaurants Roy's, créé par le chef Roy Yamaguchi, reconnu pour sa cuisine créative et savoureuse. Les plats phares comprennent le poisson-beurre misoyaki, le mahi mahi en croûte de noix de macadamia, les côtes levées braisées et le soufflé au chocolat. Vous pourrez également profiter de leur atmosphère élégante et spacieuse, ainsi que de leur excellent service.

Après le dîner, vous pourrez admirer le coucher de soleil depuis la plage ou depuis l'un des nombreux bars et clubs sur les toits de Waikiki. Sur une scène près de la plage de Waikiki, vous pouvez également voir le Kuhio Beach Hula Entertainment, un divertissement gratuit et public qui intègre de la musique hawaïenne en direct et de la danse hula.

Le spectacle a lieu tous les mardis, jeudis et samedis de 18h30 à 19h30. et c'est une formidable opportunité de découvrir la culture et l'esprit d'Hawaï.

Jour 2 : Centre-ville et Pearl Harbor

Lors de votre deuxième jour à Honolulu, vous pourrez en apprendre davantage sur l'histoire et la culture de la ville en visitant Pearl Harbor et le centre-ville d'Honolulu. Vous pourrez en apprendre davantage sur les événements et les individus qui ont façonné l'histoire et l'identité d'Hawaï et des États-Unis, depuis les périodes anciennes et indigènes jusqu'à l'époque coloniale et actuelle.

Votre deuxième journée à Honolulu sera consacrée à l'apprentissage et à la compréhension de l'histoire d'Hawaï et des États-Unis en visitant deux des sites les plus importants et les plus célèbres de la ville : Pearl Harbor et le centre-ville d'Honolulu.

Pearl Harbor est un mémorial national qui commémore et honore les victimes et les survivants de l'attaque des forces japonaises le 7 décembre 1941 sur Pearl Harbor, une base navale et un port d'Oahu, qui a marqué l'entrée des États-Unis dans la Seconde Guerre mondiale. Le centre-ville d'Honolulu est le centre historique et civique de la ville, où vous trouverez divers monuments, bâtiments et musées qui reflètent l'histoire et la culture d'Hawaï et du Pacifique.

Pearl Harbor le matin

Après le petit-déjeuner, vous pourrez vous rendre à Pearl Harbor, situé à environ 16 kilomètres à l'ouest de Waikiki. Vous pouvez prendre un taxi, une navette ou un bus, ou conduire votre voiture, cependant, le stationnement est restreint et il y a un contrôle de sécurité à l'entrée. Vous pouvez également participer à une visite guidée, comme celle-ci ou celle-ci, qui comprend le transport, les billets et la narration.

Le mémorial de l'USS Arizona, le musée et parc du sous-marin USS Bowfin, le musée de l'aviation de Pearl Harbor et le mémorial du cuirassé Missouri sont tous situés à Pearl Harbor. En fonction de votre temps et de votre argent, vous pouvez les visiter tous ou seulement ceux qui vous intéressent le plus.

Vous pouvez également visiter le Pearl Harbor Visitor Center, qui propose des expositions, des expositions et des informations sur l'assaut et ses conséquences.

Le mémorial de l'USS Arizona est l'attraction la plus célèbre et la plus visitée de Pearl Harbor puisqu'il commémore les 1 177 marins et marines qui ont péri à bord du cuirassé USS Arizona lors de l'attaque. Le monument est une structure blanche qui enjambe la coque submergée du navire et comprend un mur portant le nom, un sanctuaire et un mât de drapeau.

Pour visiter le mémorial, vous devez vous procurer un billet chronométré gratuit auprès de l'office du tourisme ou en enregistrer un à l'avance en ligne.

Après cela, vous verrez une vidéo documentaire de 23 minutes avant de monter à bord d'un bateau-navette exploité par la marine qui vous transportera vers et depuis le monument.

Le musée et parc sous-marin USS Bowfin rend hommage au personnel qui a combattu à bord des sous-marins pendant la Seconde Guerre mondiale et met en lumière l'histoire et la technologie des sous-marins. Le site abrite l'USS Bowfin, un sous-marin qui a coulé 44 navires ennemis pendant la guerre, et que vous pouvez visiter et enquêter. Le site possède également un musée présentant des objets, des maquettes et des expositions liés aux sous-marins, ainsi qu'un parc avec des monuments, des torpilles et des missiles.

Le Pearl Harbor Aviation Museum présente et protège l'histoire et la tradition de l'aviation à Hawaï et dans le Pacifique, ainsi que son implication dans la Seconde Guerre mondiale et au-delà. Le complexe dispose de deux hangars contenant plus de 50 avions, allant des avions de combat aux hélicoptères, que vous pouvez voir et toucher. Le site présente également des expositions, des simulateurs et des expositions interactives qui racontent les histoires des pilotes, des équipages et des événements qui ont changé l'histoire de l'aviation.

Le Battleship Missouri Memorial est un site qui présente et honore l'USS Missouri, le dernier cuirassé jamais construit par les États-Unis et le site de la capitulation du Japon qui a mis fin à la Seconde Guerre mondiale.

Le site présente l'USS Missouri, un navire massif et majestueux qui a servi dans trois guerres et qui peut être visité et exploré.

Le site comprend également des expositions, des expositions et des activités qui mettent en valeur l'histoire et l'héritage du navire et de son équipage.

Après-midi : centre-ville d'Honolulu

Après avoir visité Pearl Harbor, vous pourrez vous rendre au centre-ville d'Honolulu, le cœur historique et civique de la ville, où vous pourrez voir de nombreux sites, bâtiments et musées qui mettent en valeur l'histoire et la culture d'Hawaï et du Pacifique. Vous pouvez prendre un taxi, une navette ou un bus, ou conduire votre voiture, mais le stationnement peut être difficile et coûteux. Vous pouvez également participer à une visite guidée, comme celle-ci ou celle-ci, qui comprend le transport, les billets et la narration.

Le palais Iolani, la statue du roi Kamehameha, le capitole de l'État d'Hawaï, l'église Kawaiahao et le musée d'art de l'État d'Hawaï sont tous situés au centre-ville d'Honolulu.

En fonction de votre temps et de votre argent, vous pouvez les visiter tous ou seulement ceux qui vous intéressent le plus. Vous pouvez également vous rendre à Chinatown, un quartier historique et dynamique avec une communauté ethnique et créative diversifiée avec plus de 200 magasins, restaurants et galeries.

La résidence Iolani est la seule résidence royale des États-Unis et un symbole de la royauté et de l'histoire hawaïenne.

Il a été érigé en 1882 par le dernier souverain d'Hawaï, David Kalakaua, en hommage à son prédécesseur, le roi Kamehameha Ier, qui a unifié les îles hawaïennes en 1810. Le palais est une merveille architecturale, combinant des designs hawaïens, américains et européens, comme ainsi que des installations contemporaines, notamment l'électricité, les téléphones et la plomberie intérieure.

Le palais servit de résidence officielle aux rois hawaïens et de siège de l'administration jusqu'en 1893, date à laquelle ils furent déposés par un groupe d'hommes d'affaires américains et annexés par les États-Unis. Le palais a ensuite été utilisé comme capitale, quartier général militaire et musée jusqu'à ce qu'il soit restauré à son ancienne gloire en 1978. Aujourd'hui, le palais est un monument historique national et un musée vivant où les visiteurs peuvent voir les vastes salles, la salle du trône, des suites privées et des trésors royaux et découvrez l'histoire et la culture de la monarchie hawaïenne. Pour visiter le palais, vous devez acheter un billet à la billetterie ou en réserver un en ligne à l'avance. Vous avez la possibilité de faire une visite guidée ou une visite audio auto-dirigée.

La statue du roi Kamehameha est une statue en bronze qui célèbre le roi Kamehameha Ier, fondateur et premier monarque du royaume d'Hawaï. Le roi est représenté dans une attitude royale, portant une robe de plumes et un casque et portant une lance et un collier. Le monument a été commandé par le roi David Kalakaua en 1878 et dévoilé devant Aliiolani Hale, l'ancien siège du gouvernement et de la justice d'Hawaï et aujourd'hui siège de la Cour suprême de l'État d'Hawaï, en 1883.

Lors d'occasions importantes, comme la Journée du roi Kamehameha en juin 11, le monument est parfois orné de colliers de fleurs comme symbole de la souveraineté et de l'identité hawaïennes.

Le Capitole de l'État d'Hawaï est le siège du gouvernement de l'État et une structure contemporaine et distinctive qui représente les éléments naturels et culturels des îles.

Il a été conçu par John Carl Warnecke, un architecte américain bien connu, et achevé en 1969. La structure a une forme circulaire, qui représente l'unité des îles, et un toit en forme de cône, qui représente les volcans qui ont produit les îles. La structure possède également une rotonde en plein air reflétant le ciel et la mer, ainsi que huit colonnes représentant les huit îles principales d'Hawaï.

La structure abrite également d'autres œuvres d'art, dont une copie de la Cloche de la Liberté, de la Flamme éternelle et du monument du Père Damien.

L'église de Kawaiahao est la plus ancienne église chrétienne d'Hawaï et un lieu historique et important pour les Hawaïens. Hiram Bingham, missionnaire et chef du premier groupe de missionnaires protestants américains arrivés à Hawaï en 1820, l'a construit en 1842.

La chapelle est composée de pierres de corail extraites des récifs côtiers et transportées par des ouvriers indigènes. L'église est conçue dans le style de la Nouvelle-Angleterre, avec une tour, une horloge et un porche. De nombreux événements marquants de l'histoire hawaïenne ont eu lieu à l'église, notamment le couronnement du roi Kamehameha III, l'enterrement de la reine Kaahumanu et le baptême de la reine Liliuokalani. L'église est particulièrement célèbre pour son chœur qui chante en hawaïen et son orgue de 1867.

Le Hawaii State Art Museum (HISAM) est un musée d'Honolulu qui expose et explore l'art et la culture hawaïennes à travers une collection de plus de 6 000 pièces d'artistes locaux et internationaux. Le musée présente plusieurs expositions, notamment Art in Public Places, Hawaii Artists et Hawaii Art Now.

Le musée accueille également des événements spéciaux tels que le premier vendredi, le deuxième samedi et le déjeuner artistique. Le musée est gratuit et ouvert du mardi au samedi, de 10h00 à 16h00.

Soirée : Dîner et Animation

Selon vos goûts et votre humeur, vous pouvez choisir parmi une gamme d'alternatives au centre-ville d'Honolulu ou à Chinatown pour votre deuxième soirée à Honolulu.

Le Cochon et la Dame : Un restaurant élégant et intimiste servant des plats vietnamiens et fusion inspirés des recettes familiales et des voyages du chef. Essayez leurs plats de marque, notamment la trempette pho française, le lau lau, le riz gras de poulet et la crème glacée molle. Vous pourrez également profiter de leurs cocktails, vins et bières, ainsi que de leur service attentionné et courtois.

Jour 3 : Diamond Head et Hanauma Bay

Lors de votre troisième jour à Honolulu, explorez Diamond Head et Hanauma Bay pour découvrir certains des plus beaux panoramas et lieux de plongée en apnée de l'île. Diamond Head est un cône de tuf volcanique offrant une vue à 360 degrés sur la ville et l'océan, tandis que Hanauma Bay est une zone de protection de la vie marine avec un récif de corail et des centaines d'espèces de poissons.

La randonnée et la plongée en apnée sont deux des activités les plus populaires et les plus agréables à Oahu lors de votre troisième jour à Honolulu. Vous pouvez commencer votre journée par une randonnée jusqu'au sommet de Diamond Head, un monument qui domine l'horizon d'Honolulu.

Le reste de la journée peut être consacré à la plongée en apnée dans la baie de Hanauma, l'un des environnements marins les plus beaux et les plus diversifiés au monde.

Diamond Head le matin

Vous pouvez visiter le Diamond Head State Monument après le petit-déjeuner, situé à environ 5 kilomètres à l'est de Waikiki. Vous pouvez prendre un taxi, un bus, un vélo ou conduire votre voiture, bien que le stationnement soit limité et que l'entrée soit payante. Vous pouvez également participer à une visite guidée, comme celle-ci1 ou celle-ci2, qui comprend le transport, les billets et la narration.

Diamond Head est un cône de tuf volcanique produit il y a environ 300 000 ans et appelé par les marins britanniques qui ont confondu les cristaux de calcite sur ses pentes avec des diamants. Le'ahi signifie « front du thon » en hawaïen. Le cratère de Diamond Head mesure 3 520 pieds (1 073 mètres) de diamètre et s'étend sur 475 acres (192 hectares) de terrain.

Pour atteindre le sommet de Diamond Head, parcourez un itinéraire de 1,3 kilomètre qui commence au fond du cratère et monte 560 pieds (171 mètres) jusqu'au point le plus élevé. Le sentier est relativement difficile, mais il convient aux personnes de tous âges et de tous niveaux de condition physique. La promenade dure environ une heure et comprend des marches raides, des lacets et un tunnel. Le sentier est ouvert de 6h00 à 18h00, avec la dernière entrée à 16h30.

La randonnée sera récompensée par une vue imprenable sur Honolulu, Waikiki et l'océan Pacifique, ainsi que par la possibilité de visiter certaines des caractéristiques historiques et militaires de Diamond Head, notamment la plate-forme d'observation, la station de contrôle de tir et les bunkers. Les panneaux d'interprétation et les brochures le long du sentier peuvent vous aider à vous renseigner sur la géologie, l'écologie et l'histoire de Diamond Head.

Excursion l'après-midi à la baie de Hanauma

Après la randonnée à Diamond Head, vous pourrez visiter la réserve naturelle de Hanauma Bay, située à environ 11 kilomètres à l'est de Diamond Head. Vous pouvez utiliser un taxi, un bus, un vélo ou conduire votre voiture, bien que le stationnement soit limité et qu'il y ait des frais d'entrée et de stationnement. Vous pouvez également participer à une visite guidée, comme celle-ci ou celle-ci, qui comprend le transport, les billets et l'équipement.

La baie de Hanauma est une zone de protection de la vie marine créée par un cratère volcanique ouvert sur la mer. La baie abrite un récif de corail et plus de 400 espèces de poissons différentes, dont certaines sont originaires d'Hawaï. Les tortues de mer vertes et les phoques moines d'Hawaï utilisent la zone comme site de reproduction. La baie est l'une des attractions les plus populaires d'Oahu, avec environ 3 000 touristes chaque jour.

Pour faire de la plongée avec tuba dans la baie de Hanauma, vous devez d'abord regarder un film expliquant les lois et réglementations de la réserve, ainsi que la manière de conserver et de respecter la vie marine. Vous devez également payer des frais d'entrée et louer ou apporter votre équipement de plongée en apnée. Ensuite, vous pouvez choisir entre deux zones de plongée en apnée : le récif intérieur et le récif extérieur. Le récif intérieur est peu profond et tranquille, ce qui le rend idéal pour les novices et les jeunes. Le récif extérieur est plus profond et plus rugueux, ce qui le rend idéal pour les plongeurs expérimentés et audacieux.

Le matin est le meilleur moment pour faire de la plongée avec tuba dans la baie de Hanauma car l'eau est propre et les poissons sont actifs. Il y aura une variété d'espèces à observer, notamment des poissons-papillons, des poissons-perroquets, des poissons-chirurgiens et des balistes, ainsi que des coraux, des oursins et des étoiles de mer.

Selon la saison, vous pourrez également apercevoir des tortues, des phoques, des dauphins ou des baleines. Les panneaux d'interprétation et le centre d'enseignement fournissent également des informations sur la vie marine et les initiatives de conservation de la baie de Hanauma.

La baie est ouverte de 6h00 à 18h00, sauf le mardi. La dernière heure d'entrée est 16h00. La baie a une capacité quotidienne de 3 000 invités et peut fermer plus tôt si ce nombre est atteint. Des toilettes, des douches, des casiers, des tables de pique-nique et un snack-bar font partie des autres commodités disponibles dans la baie.

Dîner et détente le soir

Après la plongée en apnée dans la baie de Hanauma, retournez à votre hôtel et détendez-vous pour le reste de la soirée.

En fonction de votre région et de vos préférences, vous pouvez également choisir parmi une gamme d'alternatives de repas. Voici quelques-unes de nos suggestions :

Fruits de mer Ono: Un restaurant à emporter modeste et basique qui propose les meilleurs poke bowls de la ville. Le poke est une cuisine hawaïenne composée de thon cru mariné dans de la sauce soja, de l'huile de sésame et d'autres assaisonnements et servi sur du riz avec diverses garnitures telles que des algues, de l'oignon et de l'avocat. Vous pouvez composer votre bol avec vos garnitures préférées et choisir parmi de nombreuses variétés de poke, comme le shoyu, l'épicé ou le wasabi. Le restaurant est ouvert de 9h00 à 18h00. et est situé sur Kapahulu Avenue, près de Waikiki. [5]

Brasserie Kona: Cette brasserie et taverne propose des bières artisanales d'inspiration hawaïenne et des plats de pub.
Vous pouvez mélanger leurs bières de spécialité, comme la Longboard Lager, la Big Wave Golden Ale ou la Fire Rock Pale Ale, avec d'excellents plats comme la pizza, les hamburgers ou le fish & chips. Vous pourrez également profiter de la musique live et des divertissements, ainsi que d’une atmosphère chaleureuse et détendue. Il est ouvert de 11h00 à 22h00. et est situé près de la baie de Hanauma au Koko Marina Center.

Roy's Hawaii Kai : Il s'agit d'un établissement gastronomique qui propose des plats fusion et imaginatifs d'inspiration hawaïenne et asiatique. Il fait partie du groupe de restaurants Roy's, créé par le chef Roy Yamaguchi, reconnu pour sa cuisine créative et savoureuse. Les plats phares comprennent le poisson-beurre misoyaki, le mahi mahi en croûte de noix de macadamia, les côtes levées braisées et le soufflé au chocolat. Vous pourrez également admirer la vue imprenable sur le port et le coucher du soleil, ainsi que le superbe service.

Le restaurant est ouvert à partir de 17h00. à 21h00 et est situé près de la baie de Hanauma dans le centre Hawaii Kai Towne.

Jour 4 : Côte-Nord et Centre Culturel Polynésien

Vous pouvez passer votre quatrième journée à Honolulu à explorer la côte nord et le centre culturel polynésien, deux des sites les plus populaires et intéressants d'Oahu. La Côte-Nord est un endroit pittoresque et décontracté avec certaines des plus belles plages, lieux de surf et food trucks de l'île. Le Centre Culturel Polynésien est un parc culturel et pédagogique où vous pourrez découvrir l'histoire et la culture des îles polynésiennes tout en profitant de nombreux spectacles, activités et événements.

Votre quatrième jour à Honolulu sera consacré à la découverte de la splendeur naturelle et culturelle d'Oahu, notamment en visitant la côte nord et le centre culturel polynésien.

Commencez votre journée en vous dirigeant vers la côte nord, située à environ 56 kilomètres au nord de Waikiki. Vous pouvez utiliser un taxi, un bus, un vélo ou conduire votre voiture, mais gardez à l'esprit que la circulation est intense et que les places de stationnement sont rares. Vous pouvez également participer à une visite guidée, comme celle-ci1 ou celle-ci2, qui comprend le transport, les billets et la narration.

La côte nord s'étend sur 27 kilomètres (17 milles) de littoral qui s'étend de Kaena Point à Kahuku Point. La Côte-Nord est connue pour ses grosses vagues, surtout en hiver, lorsque les surfeurs du monde entier viennent participer à des événements de surf comme le Vans Triple Crown of Surfing.

La Côte-Nord est également reconnue pour son ambiance décontractée et rurale, avec ses jolis villages, ses fermes et ses food trucks.

Vous pourrez passer la matinée à visiter la Côte-Nord et choisir parmi une variété de sites et d'activités, notamment :

Neuf: La ville principale et la porte d'entrée de la Côte-Nord, avec une variété de magasins, de restaurants et de galeries d'art. Vous pouvez également vous rendre au Haleiwa Beach Park pour nager, pique-niquer ou observer les surfeurs. Vous pouvez également goûter à certaines spécialités locales proposées par de nombreux food trucks et stands, telles que de la glace pilée, des bols d'açaï et des crevettes à l'ail.

Waimea Bay : L'une des plages les plus connues et pittoresques de la côte nord, avec une grande plage de sable, une mer claire et bleue et une vue imprenable sur la vallée de Waimea. La plage est également l'un des plus grands sites de surf de l'île, avec de grosses vagues et des surfeurs professionnels, surtout en hiver. La plage est plus calme et mieux adaptée à la baignade et à la plongée en apnée en été. Vous pouvez également sauter du Waimea Rock, une falaise de 9 mètres de haut surplombant la baie.

Vallée de Waimea: Il s'agit d'un jardin botanique et culturel qui protège et expose la flore et les animaux indigènes d'Hawaï, ainsi que l'histoire et la culture hawaïennes. Vous pouvez emprunter un itinéraire pavé jusqu'à une cascade où vous pourrez nager et vous rafraîchir. Il existe des expositions supplémentaires telles que le village hawaïen, le Lei Stand et le Hale o Lono. Vous pouvez également participer à de nombreuses activités comme le spectacle de hula, les promenades dans la nature et le luau.

Après avoir visité la Côte-Nord, visitez le Centre culturel polynésien, situé à environ 16 kilomètres à l'est de Haleiwa. Vous pouvez prendre un taxi, un bus ou un vélo, ou conduire votre voiture, mais l'entrée et le stationnement sont payants. Vous pouvez également faire une visite guidée, comme celle-ci ou celle-ci, qui comprend le transport, les billets et la narration.

Le Centre culturel polynésien est un parc culturel et éducatif dédié à la célébration et à l'éducation des visiteurs sur l'histoire et la culture des îles polynésiennes, qui comprennent Hawaï, Samoa, Tonga, Tahiti, Fidji et Aotearoa (Nouvelle-Zélande). Le parc présente une combinaison d'attractions et d'activités, notamment :

Villages insulaires: Ce sont six villages thématiques qui reflètent les différentes îles polynésiennes, où vous pourrez voir et interagir avec les habitants autochtones ainsi que découvrir leurs coutumes et leur vie. Vous pouvez également participer à de nombreuses démonstrations, telles que la sculpture de bateaux, l'allumage d'un feu et le décorticage de noix de coco. Vous pouvez également participer à diverses activités et activités artisanales, telles que le lancer de lance, la fabrication de colliers et le tatouage.

Concours de canoë: Il s'agit d'un spectacle quotidien dans le lagon où vous pourrez assister à de nombreux artistes vêtus de costumes colorés exécutant à bord de pirogues diverses danses et chants des différentes îles polynésiennes. Le concert est une célébration de la culture et de l'esprit polynésiens, ainsi qu'une démonstration de la diversité et de la beauté des îles.

HA Souffle de vie: Une émission hebdomadaire sur Mana, un petit garçon polynésien qui grandit et affronte de nombreux obstacles et aventures avec le soutien de sa famille et de ses amis. Plus de 100 artistes participent à cet événement qui combine musique, danse, feu et eau pour produire un spectacle magnifique et émouvant.

Le programme rend hommage à la culture et aux traditions polynésiennes tout en réfléchissant au parcours et au destin humain.

Vous pouvez passer l'après-midi et la soirée au Centre culturel polynésien et, en fonction de votre temps et de votre argent, vous pourrez choisir parmi une variété de forfaits et de possibilités. Des toilettes, des douches, des casiers, des boutiques de cadeaux et des restaurants font partie des autres commodités disponibles.

Jour 5 : Makapuu et cratère Koko

Lors de votre cinquième jour à Honolulu, explorez le cratère Koko et Makapuu pour découvrir certains des plus beaux panoramas et lieux de plongée en apnée de l'île. Koko Crater est un cône de tuf volcanique offrant une vue panoramique sur la ville et l'océan, tandis que

Makapuu est un point magnifique avec un phare, un bassin de marée et un belvédère de baleines.

La randonnée et la plongée en apnée sont deux des activités les plus populaires et les plus agréables à Oahu lors de votre cinquième jour à Honolulu. Vous pouvez commencer votre journée par une randonnée jusqu'au sommet du cratère Koko, un monument qui domine l'horizon d'Honolulu. Le reste de la journée peut être consacré à la plongée en apnée dans les bassins de marée de Makapuu, l'un des habitats marins les plus étonnants et les plus diversifiés de l'île.

Cratère Koko le matin

Après le petit-déjeuner, vous pourrez visiter le Koko Crater Trail, situé à environ 16 kilomètres à l'est de Waikiki. Vous pouvez prendre un taxi, un bus, un vélo ou conduire votre voiture, bien que le stationnement soit limité et qu'il n'y ait pas de frais d'entrée. Vous pouvez également participer à une visite guidée, comme celle-ci1 ou celle-ci, qui comprend le transport, les billets et la narration.

Le Koko Crater Trail est une ascension aller-retour de 1,8 mile (2,9 kilomètres) qui monte à 1 048 pieds (319 mètres) jusqu'au sommet du Koko Crater, un cône de tuf volcanique produit il y a environ 200 000 ans. L'itinéraire est composé de 1 048 marches de hauteur et de pente variables et suit une ancienne voie ferrée utilisée par les troupes pendant la Seconde Guerre mondiale. La

randonnée est difficile mais enrichissante et dure environ deux heures.
L'itinéraire est ouvert du lever au coucher du soleil, avec une dernière entrée 30 minutes avant le crépuscule.

La randonnée sera récompensée par une vue imprenable sur Honolulu, Waikiki, Diamond Head, la baie de Hanauma et l'océan Pacifique, ainsi que par l'opportunité de visiter certaines des caractéristiques historiques et militaires du cratère Koko, telles que la plate-forme d'observation et la station de contrôle des incendies. , et des bunkers. Les panneaux d'interprétation et les brochures tout au long de la promenade peuvent vous aider à vous renseigner sur la géologie, l'écologie et l'histoire du cratère Koko.

L'après-midi, rendez-vous à Makapuu. Après avoir gravi le cratère Koko, vous pouvez continuer jusqu'à Makapuu Point, qui se trouve à environ 5 kilomètres à l'est du cratère Koko. Vous pouvez prendre un taxi, un bus, un vélo ou conduire votre voiture, bien que le stationnement soit limité et qu'il n'y ait pas de frais d'entrée.

Vous pouvez également participer à une visite guidée, comme celle-ci3 ou celle-ci4, qui comprend le transport, les billets et l'équipement.

Makapuu Point est un magnifique point avec un phare, un bassin de marée et un observatoire des baleines. Vous pouvez choisir parmi une variété d'attractions et d'activités, notamment :

Sentier du phare de Makapuu : une randonnée aller-retour de 3,2 kilomètres mène au phare de Makapuu, un phare historique et emblématique érigé en 1909 qui dirige les navires vers le canal Kaiwi. La randonnée est simple et pavée et offre une vue imprenable sur l'océan, les falaises et les îles de Molokai et Lanai. La randonnée dure environ une heure et est disponible de 7h00 à 18h45. Le phare lui-même n'est pas accessible au public, mais il peut être vu de loin.

Étangs de marée Makapuu : Ce sont des étangs naturels constitués de roches de lave le long de la côte et remplis d'eau de mer et de vie marine. La plongée en apnée dans les bassins de marée vous permet d'observer une variété de poissons, de coraux, d'oursins et d'étoiles de mer. Selon la saison, vous pourrez également apercevoir des tortues, des phoques, des dauphins ou des baleines. Pour accéder aux bassins de marée, descendez pendant 20 minutes une pente raide et rocheuse depuis le sentier du phare de Makapuu. Il est préférable d'explorer les bassins de marée à marée basse et par temps calme, car la marée haute et les fortes vagues peuvent être dangereuses. Il n'y a pas de location ou d'installations à proximité, vous devez donc emporter votre équipement de plongée en apnée.

Points de vue: Une vue panoramique sur la plage de Makapuu, l'île Rabbit et le littoral panoramique de l'État de Ka Iwi est disponible depuis ce point d'observation.

Vous pourrez également voir le phare de Makapuu et le cratère de Koko sous un angle différent. Entre novembre et mai, le point de vue est un endroit populaire pour observer les baleines, car les baleines à bosse migrent de l'Alaska vers Hawaï. Tout au long de l'année, vous pourrez également observer des dauphins à long bec, des tortues de mer vertes et des phoques moines d'Hawaï. Le belvédère est facilement accessible en automobile et contient un parking ainsi que des toilettes.

Dîner et détente le soir

Après la plongée en apnée à Makapuu, retournez à votre hébergement et détendez-vous pour le reste de la soirée. En fonction de votre région et de vos préférences, vous pouvez également choisir parmi une gamme d'alternatives de repas. Voici quelques-unes de nos suggestions :

Brasserie Kona: Cette brasserie et taverne propose des bières artisanales d'inspiration hawaïenne et des plats de pub. Vous pouvez mélanger leurs bières de spécialité, comme la

Longboard Lager, la Big Wave Golden Ale ou la Fire Rock Pale Ale, avec d'excellents plats comme la pizza, les hamburgers ou le fish & chips. Vous pourrez également profiter de la musique live et des divertissements, ainsi que d'une atmosphère chaleureuse et détendue. Il est ouvert de 11h00 à 22h00. et est situé près du cratère Koko au Koko Marina Center.

Steaks Ono et cabane aux crevettes: Un restaurant décontracté et convivial servant des fruits de mer locaux et frais, notamment des crevettes, du poisson et du poke. Vous pouvez personnaliser votre repas avec du riz, de la salade ou des frites et une variété de goûts et de sauces comme l'ail, le citron ou les épices. Des desserts comme le gâteau haupia et le sandwich à la crème glacée sont également disponibles.

Le restaurant est ouvert de 10h30 à 20h00. et est situé près de Makapuu sur l'autoroute Kalanianaole.

Hawaii Kai de Roy : Il s'agit d'un établissement gastronomique qui propose des plats fusion et imaginatifs d'inspiration hawaïenne et asiatique. Il fait partie du groupe de restaurants Roy's, créé par le chef Roy Yamaguchi, reconnu pour sa cuisine créative et savoureuse. Les plats phares comprennent le poisson-beurre misoyaki, le mahi mahi en croûte de noix de macadamia, les côtes levées braisées et le soufflé au chocolat. Vous pourrez également admirer la vue imprenable sur le port et le coucher du soleil, ainsi que le superbe service. Le restaurant est ouvert à partir de 17h00. à 21h00 et est situé près de Makapuu dans le Hawaii Kai Towne Center.

Jour 6 : Chutes de Manoa et l'Arboretum de Lyon

Lors de votre sixième jour à Honolulu, explorez les chutes de Manoa et l'arboretum de Lyon pour vous immerger dans la splendeur naturelle et florale d'Oahu. Manoa Falls est une cascade à couper le souffle qui descend de 46 mètres dans une piscine entourée d'une magnifique jungle. L'Arboretum de Lyon est un jardin botanique abritant plus de 5 000 espèces de plantes d'Hawaï et d'autres régions tropicales.

Votre sixième journée à Honolulu sera consacrée à l'exploration du côté vert et tranquille d'Oahu en visitant les chutes de Manoa et l'arboretum de Lyon. Commencez votre journée en vous dirigeant vers la vallée de Manoa, située à environ 8 kilomètres au nord-est de Waikiki. Vous pouvez prendre un taxi, un bus, un vélo ou conduire votre voiture,

cependant, le stationnement est limité et le stationnement est payant.
Vous pouvez également participer à une visite guidée, comme celle-ci1 ou celle-ci2, qui comprend le transport, les billets et la narration.

Les chutes Manoa et l'Arboretum de Lyon se trouvent dans le même quartier et sont facilement accessibles à pied. En fonction de vos préférences et de votre emploi du temps, vous pouvez sélectionner lequel visiter en premier. Parce qu'ils ne sont ni très vastes ni très longs, vous pouvez les visiter le même jour.

Matin : Chutes de Manoa

Les chutes de Manoa sont un incontournable pour les amoureux de la nature et l'une des randonnées en cascade les plus populaires et les plus accessibles d'Oahu. Manoa Falls est une randonnée aller-retour de 2,6 kilomètres qui suit un ruisseau à travers une forêt tropicale profonde et diversifiée riche en bambous, fougères et fleurs.

La randonnée est courte et pittoresque et dure environ une heure. Le sentier est gratuit et accessible du lever au crépuscule.

Votre voyage sera récompensé par une vue imprenable sur les chutes de Manoa, une cascade qui tombe d'une falaise verticale dans un petit bassin, créant une ambiance brumeuse et romantique.

Vous pouvez observer la cascade de loin, mais nager dans la piscine est illégal et dangereux en raison du risque de leptospirose, une maladie bactérienne transmise par l'urine des animaux. Les panneaux d'interprétation et les brochures le long du parcours peuvent vous aider à vous renseigner sur la géologie, l'écologie et l'histoire de la vallée de Manoa.

Après-midi : Arboretum de Lyon

L'Arboretum de Lyon est un jardin botanique qui expose et protège les plantes indigènes et exotiques d'Hawaï et d'autres climats tropicaux, ainsi que l'histoire et la culture hawaïennes. L'arboretum s'étend sur 193,5 acres (78,3 hectares) et abrite plus de 5 000 variétés de plantes, notamment des palmiers, des orchidées et des héliconias, ainsi que du taro, du fruit à pain et du ti.

Il y a d'autres sentiers, jardins et expositions dans l'arboretum, tels que le jardin ethnobotanique hawaïen, le jardin d'herbes et d'épices et le laboratoire de recherche sur les plantes hawaïennes Beatrice H. Krauss.

Pour accéder à l'arboretum, vous devez d'abord vous inscrire au centre d'accueil, qui abrite également une boutique de cadeaux, des toilettes et une fontaine à eau. Bien que l'entrée soit gratuite, une contribution de 5 $ par personne est encouragée.
En fonction de vos intérêts et de vos disponibilités, vous pouvez choisir entre une visite autonome et une visite guidée. L'arboretum est ouvert de 8h00 à 16h00. Du lundi au vendredi et de 9h00 à 15h00 Samedi. Les dimanches et jours fériés sont interdits.

L'arboretum est un lieu permettant d'apprécier la beauté et la diversité de la nature tout en découvrant l'importance et la valeur des plantes dans l'environnement et la société. Vous pourrez également observer certaines des espèces végétales rares et menacées qui font partie des activités de conservation et de recherche de l'arboretum, comme l'alula, le haha et la lobélie. Vous pourrez également profiter de la tranquillité et de la spiritualité de l'arboretum puisqu'il s'agit d'un monument sacré et historique pour le peuple hawaïen.

Soirée : Dîner et détente

Après avoir visité les chutes de Manoa et l'arboretum de Lyon, retournez à votre hôtel et détendez-vous pour le reste de la soirée.

En fonction de votre région et de vos préférences, vous pouvez également choisir parmi une gamme d'alternatives de repas. Voici quelques-unes de nos suggestions :

Sandwichs et smoothies d'Andy: Andy's Sandwiches and Smoothies est un restaurant décontracté et intime qui propose des sandwichs, des salades, des soupes et des smoothies frais et nutritifs créés avec des ingrédients locaux et biologiques. Essayez le sandwich à la dinde et à l'avocat, le burger végétarien, la soupe aux lentilles et le smoothie papaye-banane, qui sont tous des plats phares. Ils proposent également des alternatives végétaliennes et sans gluten, ainsi que du pain cuit au four et des friandises. Le restaurant est ouvert de 7h00 à 21h00, du lundi au samedi, et est situé sur East Manoa Road, près des chutes de Manoa.

Restaurant Paesano: Un établissement gastronomique qui propose des plats italiens authentiques et délicieux tels que des pâtes, des pizzas, du poisson et du bœuf. Essayez leurs plats célèbres, notamment les linguine alla

Pescara, la pizza Margherita, les scaloppine al limone et le tiramisu. Vous apprécierez peut-être également leur carte des vins, leur atmosphère sophistiquée et romantique et leur service exceptionnel. Il est ouvert de 11h00 à 22h00, du lundi au dimanche, et se situe à proximité de l'Arboretum de Lyon, au niveau de la place du marché de Manoa.

Café en verre du matin: Un café élégant et minimaliste servant un café exceptionnel et onctueux ainsi que des plats légers et appétissants, notamment des sandwichs, des salades et des pâtisseries.

Leurs plats célèbres comprennent le sandwich aux œufs au bacon et au fromage, la salade de chou frisé et de quinoa, le pain aux bananes et l'infusion froide. Vous pouvez également vous procurer des alternatives végétaliennes et sans gluten, ainsi que des produits locaux et biologiques. Le restaurant est ouvert de 7h30 à 17h00, du lundi au dimanche, et est situé sur Woodlawn Drive, près de l'Université d'Hawaï à Manoa.

Jour 7 : Adieu et Aloha

Votre dernier jour à Honolulu est l'occasion de dire au revoir et de remercier la ville et les gens qui vous ont accueilli et partagé avec vous leur esprit aloha. Vous pouvez passer la journée à vous reposer et à profiter de vos sites et activités préférés, ou vous pouvez passer la journée à visiter certaines des attractions et des panoramas que vous avez manqués ou que vous souhaitez revisiter.

Votre septième jour à Honolulu est une journée pour absorber et chérir les souvenirs et les expériences que vous avez accumulés au cours de votre semaine au paradis. En fonction de votre itinéraire de vol et de vos préférences personnelles, vous pouvez choisir comment passer votre journée. Vous pourriez également trouver des idées et de l'inspiration grâce aux suggestions ci-dessous.

Matin : Brunch et achats de souvenirs

Après avoir emballé vos affaires et quitté votre hôtel, vous pouvez faire du shopping de souvenirs et prendre votre petit-déjeuner à Waikiki, qui compte une variété de magasins, de boutiques et de marchés vendant des produits locaux et distinctifs tels que des bijoux, des vêtements, de l'art et de la cuisine. Il existe également certains des restaurants et cafés les plus grands et les plus populaires servant des cuisines savoureuses et différentes, notamment des crêpes, des œufs, des hamburgers et des salades. Voici quelques-unes de nos suggestions:

Magasins ABC: Il s'agit de magasins de proximité situés dans tout Waikiki qui proposent une variété d'articles allant de la nourriture, des boissons et des articles de toilette aux souvenirs, cadeaux et vêtements aloha. Hawaï produit une variété de produits, notamment des noix de macadamia, du café, du cacao et du miel.

Des produits supplémentaires sur le thème d'Hawaï sont disponibles, tels que des aimants, des porte-clés, des tasses et des cartes postales. Les magasins sont ouverts de 6h00 à 23h00 et disposent d'un programme de fidélité qui vous offre un cadeau gratuit une fois que vous dépensez une certaine somme d'argent.

Marché international: Il s'agit d'un centre commercial au cœur de Waikiki avec plus de 80 magasins, restaurants et lieux de divertissement. Maui Divers Jewelry, Reyn Spooner et Fabletics font partie des marques et articles locaux et mondiaux disponibles. Il existe également des sites culturels et historiques, notamment le Banyan Tree, la Cour de la Reine et la statue de Don Ho. Le marché est ouvert de 10h00 à 22h00. et dispose d'un service de tramway gratuit qui le relie à d'autres centres commerciaux de Waikiki.

Marché et restaurant de Duke's Lane: Un marché et un restaurant sur Duke's Lane, un itinéraire piétonnier reliant l'avenue Kalakaua et l'avenue Kuhio. Plusieurs kiosques et vendeurs vendent des aliments frais et locaux comme des fruits, des légumes et des fleurs. Il existe également des kiosques et des commerçants vendant des plats préparés et cuisinés comme du poke, des pizzas, des sushis et des sandwichs. Il y a aussi de la musique live et des divertissements, ainsi qu'un environnement agréable et joyeux. Le marché et le restaurant sont ouverts de 6h30 à 22h00, avec un happy hour de 15h00 à 22h00. à 18h00

Après-midi : plage et transfert aéroport

Après les achats de souvenirs et le déjeuner, passez du temps à la plage, où vous pourrez profiter du soleil, de la mer et du sable tout en admirant la vue, la brise et les vagues.

En fonction de votre emplacement et de votre attitude, vous pourrez visiter votre plage préférée ou essayer quelque chose de nouveau. Vous pouvez également louer ou apporter du matériel de plage, notamment des chaises, des parasols, des serviettes et des glacières. Voici quelques-unes de nos suggestions :

Waikiki Beach: C'est la plage la plus renommée et la plus populaire d'Honolulu, avec une longue et large étendue de sable blanc flanquée de palmiers et d'hôtels de grande hauteur et faisant face aux mers bleues et tranquilles de l'océan Pacifique.

À la plage, vous pouvez nager, bronzer, surfer, faire du paddle board ou simplement vous détendre et profiter des environs. Vous pouvez également louer des chaises de plage, des parasols et du matériel auprès des commerçants situés le long de la plage, ou vous inscrire à une séance de surf ou de paddle board avec un professeur local.

Parc de la plage Ala Moana: Un vaste et pittoresque parc de plage situé entre Waikiki et le centre-ville d'Honolulu, avec une plage longue d'un demi-mile (0,8 kilomètre), un lagon artificiel et une zone herbeuse. À la plage ou au lagon, vous pouvez nager, faire de la plongée avec tuba, du kayak ou du canoë, ou vous pouvez dîner, jouer ou faire de l'exercice dans la zone herbeuse. Des vues sur l'horizon métropolitain, Diamond Head et l'océan sont également disponibles. Le parc de la plage est accessible de 4h00 à 22h00. et comprend des salles de bains, des douches, des sauveteurs, des tables de pique-nique et un stand de concession.

Parc de la plage de sable: Il s'agit d'un petit parc de plage pittoresque sur la côte sud-est d'Oahu, avec une plage de sable, un rivage rocheux et des vagues puissantes. À la plage, vous pouvez nager, faire du bodysurf ou du bodyboard, ou explorer les bassins de marée et les évents.

Des vues sur le cratère Koko, la pointe Makapuu et l'océan sont également disponibles. Le parc de la plage est accessible de 6h00 à 19h45. et comprend des salles de bains, des douches, des sauveteurs, des tables de pique-nique et un snack-bar.

Après avoir fait le plein de plage, vous pourrez vous rendre à l'aéroport pour prendre votre vol et dire au revoir à Honolulu. Vous pouvez prendre un taxi, une navette ou un bus, ou conduire votre voiture, mais gardez à l'esprit que la circulation est dense et que le stationnement est cher. Vous pouvez également utiliser un service de transfert, comme celui-ci ou celui-ci, qui couvre le transport, les bagages et l'aide.

L'aéroport international Daniel K. Inouye est le principal aéroport d'Honolulu et d'Hawaï, desservant les vols nationaux et internationaux d'une variété de compagnies aériennes et de destinations. Il y a trois terminaux à l'aéroport : Terminal 1, Terminal 2 et Terminal 3, ainsi que plusieurs commodités et services comme des salles de bains, des boutiques, des restaurants, des salons et une connexion Wi-Fi.

L'aéroport est ouvert 24h/24 et suggère d'arriver au moins deux heures avant votre voyage.

Soirée : Vol et au revoir

En montant à bord de votre avion et en décollant, vous pourrez jeter un coup d'œil en arrière et apprécier la beauté et la diversité d'Honolulu, des montagnes à la ville en passant par l'océan. Vous pouvez également attendre avec impatience et chérir les souvenirs et les expériences que vous avez vécus et rassemblés tout au long de votre semaine au paradis. Vous pouvez également planifier votre prochain voyage à Honolulu, où vous pourrez explorer de nouveaux lieux et activités ou revenir sur d'anciens favoris.

Vous avez passé une semaine fantastique à Honolulu, où vous avez profité du soleil, de la mer, de la culture et de l'histoire des îles. Vous avez également fait l'expérience de l'esprit aloha d'Hawaï, un mode de vie qui valorise l'amour, la gentillesse et la paix. Vous avez beaucoup appris, vu et fait beaucoup de choses et vous vous êtes beaucoup amusé en cours de route.

Chapitre 4 : Informations pratiques

Conseils de santé et de sécurité

Honolulu est un endroit généralement sûr et sain, mais il y a quelques points à prendre en compte avant de s'y rendre. Voici quelques-unes des précautions de santé et de sécurité les plus importantes à prendre pour les visiteurs d'Honolulu :

Protection solaire: Le soleil peut être assez puissant à Hawaï, surtout entre 10h et midi. et 16 heures Pour éviter les coups de soleil et les coups de chaleur, appliquez un écran solaire avec au moins un FPS 30, un chapeau, des lunettes de soleil et des vêtements de protection. Pour rester hydraté, buvez beaucoup d'eau et évitez l'alcool et la caféine.

Sécurité en mer: Honolulu offre certaines des plus belles plages et sites de surf au monde, mais vous devez toujours faire preuve de prudence lorsque vous entrez dans la mer. Avant de partir, vérifiez la météo et les conditions de surf, et tenez compte des conseils et des mises en garde des sauveteurs. Restez selon votre niveau de compétence et ne nagez jamais seul. Les courants forts, les marées inverses, les récifs coralliens et la vie marine comme les méduses et les requins doivent tous être évités. Consultez immédiatement un médecin si vous êtes piqué ou mordu.

Sécurité des randonnées: Même si Honolulu possède de nombreux sentiers de randonnée magnifiques, vous devez vous préparer aux obstacles et aux dangers. Apportez suffisamment d'eau et de nourriture, ainsi que des chaussures, des vêtements et du matériel appropriés. Suivez les sentiers établis et ne vous écartez pas et ne pénétrez pas sur les propriétés privées.

La randonnée doit être évitée pendant ou après de fortes pluies, car les sentiers peuvent devenir dangereux et boueux, et des crues soudaines peuvent se produire. Faites attention à l'altitude, car certains sentiers peuvent atteindre des altitudes de près de 4 000 pieds au-dessus du niveau de la mer. Gardez un œil sur les chutes de pierres, les glissements de terrain et les animaux sauvages comme les cochons et les chèvres.

Prévention de la criminalité: Bien qu'Honolulu soit une ville généralement sûre, vous devez néanmoins faire preuve de prudence pour éviter d'être victime d'un crime. Verrouillez vos objets de valeur dans un

coffre-fort ou laissez-les à la maison et évitez de transporter de grosses sommes d'argent ou des bijoux coûteux. Évitez de vous promener seul la nuit ou dans de nouvelles régions, et restez vigilant et conscient de votre environnement. Si un étranger vous approche et vous demande de l'argent ou tente de vous vendre quelque chose, rejetez-le poliment et partez.
Appelez le 911 ou votre police locale si vous observez ou êtes victime d'un crime.

Contacts d'urgence : Vous devez savoir comment contacter les autorités et services compétents en cas d'urgence. Voici quelques-uns des numéros de téléphone et des emplacements les plus cruciaux à garder à portée de main :

Le 911 est le numéro de téléphone d'urgence mondial pour les services de police, d'incendie et d'ambulance. Ce numéro peut être composé depuis n'importe quel téléphone, même s'il est verrouillé ou s'il ne possède pas de carte SIM.

(808) 5293111 : numéro non urgent du service de police d'Honolulu. Ce numéro peut être utilisé pour signaler un crime, déposer une plainte ou demander de l'aide.

(808) 7237139 : numéro de téléphone du service d'incendie d'Honolulu. Ce numéro peut être utilisé pour signaler un incendie, demander une inspection incendie ou obtenir des informations sur la sécurité incendie.

(808) 5864400 : numéro de téléphone du ministère de la Santé d'Hawaï. Ce numéro peut être utilisé pour obtenir des informations sur la santé, signaler une épidémie ou localiser un établissement de santé.

(808) 9739560 : Il s'agit du numéro de téléphone pour les États-Unis. Secteur Honolulu de la Garde côtière. Ce numéro peut être utilisé pour signaler une urgence maritime, demander une recherche et un sauvetage ou obtenir des informations sur la sécurité maritime.

(808) 9732100 : numéro de téléphone du bureau de prévision du service météorologique national d'Honolulu. Appelez ce numéro pour obtenir les mises à jour, alertes et avis météorologiques les plus récents.

(808) 9731000 : numéro de téléphone de l'aéroport international Daniel K. Inouye. Ce numéro peut être utilisé pour obtenir des informations sur les vols, les services aéroportuaires et les choix de transit.

(808) 9731099 : Il s’agit du numéro de téléphone pour les États-Unis. Bureau extérieur des douanes et de la protection des frontières à Honolulu. Ce numéro peut être utilisé pour obtenir des informations sur les politiques, procédures et exigences douanières.

(808) 5221888 : numéro de téléphone du Queen's Medical Center. Il s'agit de l'hôpital le plus grand et le plus complet d'Hawaï, ainsi que du seul centre de traumatologie de niveau I de l'État. Il se trouve au 1301 Punchbowl Street à Honolulu, HI 96813.

(808) 6911000 : numéro de téléphone du centre médical Kapiolani pour femmes et enfants. Il s'agit du seul hôpital d'Hawaï dédié aux femmes et aux enfants, ainsi que du seul hôpital spécialisé pédiatrique de la région du Pacifique. Il se trouve au 1319 Punahou Street à Honolulu, HI 96826.

Conditions d'entrée et de visa

Les conditions de visa et d'entrée à Honolulu sont déterminées par votre pays d'origine, le but du voyage et la durée du séjour. Voici quelques-uns des cas les plus courants et ce que vous devez savoir à leur sujet :

Citoyens américains et résidents permanents: Honolulu faisant partie des États-Unis, vous n'avez pas besoin de visa ni de passeport pour vous y rendre. Pour monter à bord de votre avion et passer les contrôles de sécurité, vous aurez besoin d'une pièce d'identité valide avec photo émise par le gouvernement, comme un permis de conduire ou une carte d'identité d'État. Il peut également vous être demandé de présenter votre pièce d'identité dans les hôtels, les sociétés de location de véhicules et d'autres établissements nécessitant une pièce d'identité.

Participants au programme d'exemption de visa (VWP): Si vous êtes citoyen de l'un des 38 pays VWP, vous pouvez visiter Honolulu pour le tourisme ou les affaires pendant 90 jours maximum sans visa. Vous aurez cependant besoin d'un passeport valide qui répond aux normes VWP, comme un passeport électronique avec une puce numérique et une identification biométrique. Avant votre départ, vous devez également vous procurer un système électronique d'autorisation de voyage (ESTA), qui coûte 14 $ et est valable deux ans ou jusqu'à l'expiration de votre passeport, selon la première éventualité. Un ESTA peut être obtenu en ligne sur [ce site](1). Vous devez également avoir un billet de retour ou de continuation ainsi qu'une confirmation de vos finances adéquates pour votre séjour.

Autres catégories de visas: Si vous n'êtes pas éligible au VWP, prévoyez de rester plus de 90 jours ou avez l'intention de travailler, d'étudier ou de vous livrer à d'autres activités interdites par le VWP, vous devez demander un visa à l'ambassade ou au consulat américain le plus proche de votre pays. pays. Le type de visa dont vous avez besoin sera déterminé par votre situation particulière et le but du voyage. Un passeport valide, un formulaire de demande de visa dûment rempli, une photo, des frais et des pièces justificatives, telles qu'une lettre d'invitation, une confirmation d'inscription ou un contrat de travail, sont également requis. Vous devrez peut-être assister à un entretien et fournir des données biométriques telles que des empreintes digitales et une photo numérique. Le délai de traitement et la durée de votre visa seront déterminés par votre situation et la demande au moment de votre demande.

Citoyens canadiens: Si vous êtes citoyen canadien, vous n'avez pas besoin de visa pour visiter Honolulu à des fins touristiques ou d'affaires, quelle que soit la durée de votre séjour. Pour entrer aux États-Unis par avion, vous aurez besoin d'un passeport canadien valide ou d'une carte NEXUS. Il peut également vous être demandé de fournir un billet de retour ou de continuation ainsi qu'une preuve de financement adéquat pour votre séjour. Vous devez également être conscient des limites qui s'appliquent aux Canadiens ayant une double nationalité, un casier judiciaire ou un voyage récent dans un pays particulier.

Taux de change et devises

La monnaie officielle d'Honolulu est le dollar américain (USD), divisible en 100 cents. Le dollar américain est la monnaie la plus reconnue et la plus utilisée au monde, et il peut être échangé contre pratiquement n'importe quelle autre devise dans les banques, les bureaux de change ou les plateformes Internet. Vous pouvez également utiliser votre carte de crédit ou de débit pour payer des produits et services ou retirer de l'argent aux distributeurs automatiques, mais votre banque ou l'émetteur de votre carte peut vous facturer des frais ou des charges. Au 3 janvier 20241, voici quelques-uns des taux de conversion de devises les plus répandus à Honolulu :

- 1 USD équivaut à 0,94 EUR (euro).
- Un dollar américain équivaut à 140,14 yens japonais.
- Un dollar américain équivaut à 1,28 dollar canadien.
- 1 dollar américain équivaut à 1,36 dollar australien
- Un dollar américain équivaut à 0,72 livre sterling.
- Un dollar américain équivaut à 4,85 réals brésiliens (BRL).
- Un dollar américain équivaut à 19,32 pesos mexicains (MXN).
- 1 USD équivaut à 15,67 ZAR (rand sud-africain).
- Un dollar américain équivaut à 6,46 yuans chinois.
- Un dollar américain équivaut à 75,23 roupies indiennes.

Ces taux ne sont que des estimations et peuvent fluctuer en fonction des circonstances du marché, des sources de données et de l'heure de la journée.

Voici quelques suggestions et conseils pour vous aider à économiser de l'argent et à éviter les problèmes liés aux devises et aux taux de change à Honolulu :

Examiner les tarifs : Avant d'échanger de l'argent, examinez les taux proposés par différents prestataires, tels que les banques, les bureaux de change, les plateformes Internet ou les distributeurs automatiques de billets.

Évitez les échanges d’aéroport et d’hôtel: Les services de change des aéroports et des hôtels facturent généralement des frais plus élevés et proposent des tarifs inférieurs à ceux des autres fournisseurs. Évitez d’échanger de l’argent à ces endroits, sauf si vous en avez besoin. Au lieu de cela, échangez votre argent avant de prendre l'avion ou retirez de l'argent à votre arrivée en utilisant votre carte ou un guichet automatique.

Utiliser l'argent local: Dans la mesure du possible, payez les produits et services dans la devise locale (USD), car vous bénéficierez d'une meilleure offre et éviterez les coûts de conversion. D'autres devises, telles que l'EUR ou le CAD, peuvent être acceptées par certains détaillants, mais vous pourriez devoir payer un prix plus élevé ou bénéficier d'un mauvais taux de conversion. Si vous utilisez votre carte, payez dans la devise locale plutôt que dans votre devise nationale, car votre banque ou l'émetteur de votre carte vous proposera un taux plus élevé que le détaillant.

Informez votre banque ou l'émetteur de votre carte: Avant de partir, informez votre banque ou l'émetteur de votre carte que vous utiliserez votre carte à l'étranger et renseignez-vous sur leurs frais pour les transactions et retraits à l'étranger.

Si votre banque ou l'émetteur de votre carte détecte une activité étrange ou douteuse sur votre compte, ils peuvent restreindre votre carte ou vous facturer des frais supplémentaires. Vous pouvez également demander une augmentation de votre limite quotidienne ou une réduction du taux d'intérêt pour vos vacances.

Ayez de l'argent sous la main: Alors que la plupart des établissements d'Honolulu acceptent les cartes de crédit, certains petits magasins, vendeurs ambulants et agences gouvernementales n'acceptent que les espèces. C'est une bonne idée de conserver de l'argent liquide en cas d'urgence, de pourboires ou de petites dépenses. Emportez le moins d’argent liquide possible, car vous pourriez l’égarer ou devenir une cible pour les criminels. Mettez votre argent dans un endroit sûr, comme une ceinture porte-monnaie, une poche secrète ou un coffre-fort d'hôtel.

Transports publics et transport

Pour vous aider à vous déplacer dans la ville et sur l'île, Honolulu propose plusieurs alternatives de transports privés et publics. Vous pouvez choisir parmi les moyens de transport suivants en fonction de votre budget, de vos goûts et de votre destination :

Le bus: Honolulu, Waikiki, Pearl Harbor, Hanauma Bay et la Côte-Nord sont toutes desservies par ce système de bus public. Le est fiable, peu coûteux et climatisé, avec une connexion Wi-Fi gratuite sur certains itinéraires. Vous pouvez payer le tarif en utilisant votre carte HOLO, qui coûte 2,75 $ pour les adultes, 1,50 $ pour les adolescents et 1,00 $ pour les personnes âgées. Une entrée d'une journée coûte 5,50 $, un pass de 4 jours coûte 35,00 $ et un pass mensuel coûte 70,00 $.

Les itinéraires, les horaires et les cartes peuvent être trouvés sur le [site Web TheBus], ou vous pouvez planifier votre voyage à l'aide de Google Maps, de l'application Transit ou de l'application DaBus.

Horizon: Un nouveau système ferroviaire qui relie East Kapolei au Ala Moana Center via Waipahu, Pearl City, Aiea et le centre-ville d'Honolulu. Skyline est rapide, facile et pratique et offre une vue imprenable sur l'île. Vous pouvez payer le tarif en utilisant votre carte HOLO, qui est la même que celle de TheBus. Vous pouvez également effectuer un transfert gratuit de deux heures entre TheBus et Skyline. Les stations, les horaires et les cartes peuvent être trouvés sur le site Web Skyline, ou vous pouvez planifier votre itinéraire à l'aide de Google Maps, de l'application Transit ou de l'application DaBus.

LeHandiVan: Un service de transport adapté pour les personnes handicapées qui ne peuvent pas utiliser TheBus ou Skyline.
Dans un rayon de 3/4 mile de tout itinéraire défini, le HandiVan offre un service porte à porte. Vous devez vous inscrire au préalable et organiser votre trajet, et les frais sont de 2,00 $ pour chaque trajet. Plus d'informations sont disponibles sur [Site Web TheHandiVan](3) ou en appelant le 8085380033.

Voiture: Si vous souhaitez plus de liberté et de commodité, vous pouvez louer une voiture à l'aéroport ou à Waikiki auprès de différents opérateurs. Vous devez cependant être prêt à faire face aux dépenses liées à la circulation, au stationnement et à l'essence.

Vous devez également respecter les normes de conduite locales, telles que conduire du bon côté de la route, porter la ceinture de sécurité et respecter les restrictions de vitesse.

Cyclomoteur ou moto: Si vous souhaitez profiter de l'air frais et du paysage, vous pouvez louer un cyclomoteur ou une moto à Waikiki ou au centre-ville d'Honolulu auprès de diverses entreprises. Vous devez cependant faire attention à la météo, aux conditions routières et aux autres conducteurs. Un casque, un permis et une assurance sont également requis.

Taxi: Vous pouvez appeler un taxi depuis l'aéroport, les hôtels ou les principales attractions pour un voyage simple et rapide. Il faut cependant faire attention au compteur, au pourboire et au trafic.

Vous pouvez également réserver votre transport à l'aide d'une application de covoiturage comme Uber ou Lyft.

Vélo: Si vous souhaitez faire de l'exercice et explorer, vous pouvez louer un vélo à Waikiki ou au centre-ville d'Honolulu auprès de divers fournisseurs.
Vous devez cependant être conscient du terrain, de la circulation et des pistes cyclables. Un casque, un cadenas et une lampe doivent également être portés.

Flâner: Si vous souhaitez économiser de l'argent tout en découvrant la culture locale, vous pouvez vous promener dans de nombreux quartiers d'Honolulu, notamment Waikiki, le centre-ville et Chinatown. Il faudra toutefois faire attention aux intempéries, aux trottoirs et aux passages pour piétons.

Portez également des chaussures confortables, de la crème solaire et un chapeau.

Choix de budget et d'hébergement

Honolulu propose une variété d'alternatives d'hébergement pour répondre à une variété de budgets, d'intérêts et de besoins. Que vous choisissiez un complexe de luxe, un joli Bed & Breakfast, un hôtel familial ou une auberge pour routards, vous trouverez peut-être quelque chose qui correspond à vos besoins. Voici quelques-uns des hébergements les plus populaires à Honolulu, ainsi que leurs tarifs moyens par nuit :

Stations touristiques: Les alternatives d'hébergement les plus chères et les plus luxueuses d'Honolulu, avec de grandes chambres, des vues à couper le souffle et des installations et services de premier ordre.

Halekulani, The Royal Hawaiian et Turtle Bay Resort sont parmi les plus grands complexes hôteliers d'Honolulu. Le tarif moyen par nuit pour un complexe hôtelier à Honolulu est de 620 $.

Hôtels: Les alternatives d'hébergement les plus courantes et les plus pratiques à Honolulu, proposant des hébergements confortables, des équipements contemporains et un personnel serviable. Outrigger Reef Waikiki Beach Resort, Hilton Vacation Club The Modern Honolulu et Hyatt Regency Waikiki Beach Resort and Spa font partie des meilleurs hôtels d'Honolulu. Un hôtel à Honolulu coûte en moyenne 336 $ par nuit.

Copropriétés: Ce sont les hébergements les plus polyvalents et autonomes d'Honolulu, avec des appartements entièrement meublés, des cuisines et une laverie. L'Ilikai Hotel & Luxury Suites, l'Aston Waikiki Sunset et le Waikiki Banyan comptent parmi les plus grands condominiums d'Honolulu. Un condo à Honolulu coûte en moyenne 153 $ par nuit.

Chambres d'hôtes: Sont les alternatives d'hébergement les plus privées et les plus charmantes d'Honolulu, avec des hébergements chaleureux, des repas délicieux et des touches personnelles. Manoa Valley Inn, Aloha Bed & Breakfast et The Equus sont parmi les meilleurs chambres d'hôtes d'Honolulu. Le tarif moyen par nuit pour un bed and breakfast à Honolulu est de 146 $.

Auberges de jeunesse: Ce sont les alternatives d'hébergement les plus économiques et sociables d'Honolulu, avec des dortoirs, des toilettes communes et des espaces communs. Polynesian Hostel Beach Club, Waikiki Beachside Hostel et The Beach Waikiki Boutique Hostel font partie des meilleures auberges d'Honolulu. Le tarif moyen par nuit pour une auberge de jeunesse à Honolulu est de 54 $.

Voici quelques suggestions et conseils pour vous aider à choisir la meilleure option d'hébergement pour vos vacances à Honolulu :

Plan: Honolulu est une destination populaire, particulièrement pendant les hautes saisons comme l'été, l'hiver et les vacances. Vous devez réserver votre séjour le plus tôt possible pour garantir la sélection d'hébergement souhaitée et le meilleur prix. Vous pouvez comparer les coûts, lire les avis et effectuer des réservations en utilisant des plateformes Internet telles que [Booking. com] ou [Tripadvisor].

Pensez à l'emplacement: Honolulu est une ville immense et diversifiée, avec plusieurs quartiers et districts offrant une variété d'activités, d'ambiances et d'expériences. Vous devez réfléchir à l'endroit où vous souhaitez séjourner et à la manière dont il s'intégrera à vos projets et goûts de vacances.

Si vous souhaitez profiter de la plage, de la vie nocturne et du shopping, par exemple, vous devriez séjourner à Waikiki. Restez au centre-ville ou dans le quartier chinois si vous souhaitez en apprendre davantage sur l'histoire, la culture et l'art de la ville.

Restez sur la Côte-Nord ou sur la Côte du Vent si vous souhaitez profiter de la nature, de l'aventure et du charme rustique.

Considérez les commodités et les services: Honolulu propose plusieurs alternatives d'hébergement avec des installations et des services variés pour répondre à une variété d'exigences et d'attentes. Vous devriez examiner les installations et les services de votre option de logement pour voir dans quelle mesure ils répondent à vos besoins et préférences. Par exemple, si vous souhaitez vous détendre et prendre soin de vous, recherchez un hôtel proposant une piscine, un spa et un restaurant. Si vous souhaitez économiser de l'argent en préparant vos repas, recherchez un logement doté d'une cuisine et d'une épicerie à proximité.

Si vous souhaitez être connecté et productif, recherchez un hôtel proposant une connexion Wi-Fi gratuite et un bureau.

Étiquette et coutumes

Honolulu est une ville variée et diversifiée où vous pourrez rencontrer des personnes de nombreux horizons, ethnies et coutumes. Pour respecter et apprécier les coutumes et l'étiquette locales, vous devez être conscient de certains comportements et attentes souvent observés et respectés à Honolulu. Voici quelques-unes des directives les plus essentielles en matière de coutumes et d'étiquette à Honolulu :

Esprit Aloha: L'essence de la culture et des valeurs hawaïennes, englobant l'amour, la compassion, la gentillesse et l'harmonie.

Dans vos contacts avec les autres, vous devez incarner l'esprit aloha en étant gentil, poli et respectueux. Vous devez également les accueillir avec un sourire et un chaleureux « aloha » qui indique bonjour, adieu et amour.

D'autres termes et expressions hawaïens pour exprimer votre respect et votre connaissance de la langue et de la culture indigènes sont « mahalo » (merci), « a hui hou » (jusqu'à ce que nous nous revoyions) et « kamaaina » (résident).

Loi: Un lei est une fleur, un coquillage, une graine, une guirlande de plumes ou une couronne enroulée autour du cou ou de la tête comme symbole d'affection, d'honneur ou de célébration. Acceptez généreusement un collier en l'enroulant autour de votre tête et de vos épaules et en ne l'enlevant jamais devant la personne qui vous l'a présenté. Il est également considéré comme impoli et irrespectueux de refuser un lei. Porter un collier autour de la taille ou du bras est également considéré comme impoli et irrespectueux. De plus, jeter un lei est considéré comme du gaspillage et est impoli. Vous devez soit le restaurer à son emplacement d'origine, soit le conserver comme souvenir ou cadeau.

Pour ça: Un accueil traditionnel qui consiste à se toucher le nez et à respirer le souffle de chacun. Il s'agit d'une méthode d'échange de la force vitale sacrée et cruciale, ou « ha » dans la culture hawaïenne. N'honorez quelqu'un que si vous êtes proche d'eux et à l'aise avec lui, et s'il l'initie ou y consent. Il est également considéré comme inapproprié et insultant d'embrasser quelqu'un sur les lèvres.

Vous ne devez également jamais honorer une personne malade, car cela est considéré comme insalubre et dangereux.

Hula: Il s'agit d'une forme d'art complexe et sacrée qui utilise la danse et le chant pour décrire l'histoire, les légendes et les émotions du peuple hawaïen. Le hula doit être respecté et apprécié en tant qu'expression culturelle et spirituelle et non en tant que forme de divertissement ou de spectacle.

Il est également considéré comme grossier et impoli d'imiter ou de ridiculiser le hula. Parler, applaudir ou prendre des photos ne doivent jamais être utilisés pour perturber ou perturber un spectacle de hula.

Vous ne devez jamais toucher ou retirer quoi que ce soit d'une danseuse de hula, y compris son costume, ses accessoires ou ses instruments, car ces objets sont considérés comme sacrés et personnels.

Allumer si: Prendre soin et sauvegarder la terre, qui est la source de vie et de nutrition du peuple hawaïen. Vous devez respecter et apprécier la beauté et les ressources naturelles d'Honolulu, et ne pas les blesser ou les gaspiller. Vous devez également respecter les normes et réglementations environnementales, telles que le recyclage, les économies d'eau et d'énergie, et le fait de ne pas jeter ou polluer l'environnement. Vous devez également vous engager dans des actions qui aident et améliorent l'environnement, comme le bénévolat, les dons ou la plantation.

Vous devez également vous abstenir de vous livrer à des actions qui nuisent ou mettent en péril l'environnement, comme l'intrusion, le vandalisme ou la chasse.

Festivals et autres événements

Honolulu est une ville animée et énergique qui accueille de nombreux festivals et événements tout au long de l'année. Que vous soyez intéressé par les arts, la culture, la musique, le sport ou la gastronomie, il y en a pour vous. Voici quelques-uns des festivals et événements les plus populaires d'Honolulu, ainsi que leurs dates et lieux :

Nouvel An chinois: Il s'agit d'une célébration annuelle du nouvel an lunaire chinois, qui a lieu fin janvier ou début février.

Dans Chinatown et ailleurs, vous pourrez assister à des défilés colorés, des danses du lion, des pétards et des spectacles culturels. Vous pouvez également essayer une délicieuse cuisine chinoise comme des dim sum, des nouilles et des gâteaux de lune.

Célébration d'Honolulu: Il s'agit d'une célébration annuelle organisée en mars qui célèbre la variété et l'harmonie des cultures du Pacifique. Des expositions d'art, des foires d'artisans, des projections de films et des séminaires pédagogiques font partie des activités proposées. Il existe également des performances étonnantes comme le hula, le taiko, le kpop et le kabuki. La célébration se termine par une grande procession et un feu d'artifice sur la plage de Waikiki.

Kapalua Wine and Food mêmet : Il s'agit d'un événement annuel qui honore l'excellence culinaire et viticole d'Hawaï, généralement organisé en juin. Vous pouvez assister, entre autres, à des dégustations de vins, des démonstrations culinaires, des conférences et des banquets. Vous pouvez également côtoyer des chefs célèbres, des vignerons et des célébrités. L'événement a lieu au Kapalua Resort, à environ 40 minutes de route d'Honolulu.

Festivals Aloha : Il s'agit d'un événement annuel qui a lieu en septembre et qui commémore l'histoire, les coutumes et l'esprit d'Hawaï. Vous pouvez participer à diverses activités, notamment la fabrication de colliers, la danse hula, le jeu de ukulélé et l'étude de la langue hawaïenne.

Il y aura également une investiture de la cour royale, une marche de fleurs, une fête de rue et un hoolaulea. L'événement se déroule dans divers endroits, notamment le Royal Hawaiian Center, le Ala Moana Center et le Waikiki Beach Walk.

Festival international du film d'Hawaï: Ce festival annuel, organisé en novembre, présente les meilleurs films d'Asie, du Pacifique et des États-Unis. Plus de 200 films, documentaires, courts métrages et dessins animés provenant de plus de 40 pays peuvent être visionnés. Il existe d'autres activités telles que des tables rondes, des séminaires, des cours de master et des soirées.

Langue

Les langues officielles d'Hawaï sont l'anglais et l'hawaïen, mais de nombreuses personnes à Honolulu utilisent le pidgin, une langue créole issue de l'interaction de nombreuses langues, dont l'anglais, l'hawaïen, le japonais, le chinois, le portugais et le philippin2. Le pidgin est une langue unique avec sa syntaxe et son vocabulaire, et non un dialecte anglais.

Voici quelques-uns des termes et expressions les plus souvent utilisés et utiles à Honolulu :

Au revoir: Le terme hawaïen le plus connu et le plus adaptable, il peut impliquer la bienvenue, l'adieu, l'amour, l'affection, la gentillesse ou la compassion. Il incarne également l'esprit et les idéaux de la culture hawaïenne.

Aloha peut être utilisé pour saluer ou dire au revoir à quelqu'un, ainsi que pour exprimer son respect et son admiration. "Aloha, bienvenue à Honolulu", par exemple, ou "Aloha, merci pour votre aide".

Merci: En hawaïen, cela signifie « merci » ou « gratitude ». Vous pouvez utiliser Mahalo pour montrer votre gratitude ou reconnaître quelqu'un ou quelque chose. "Mahalo pour votre hospitalité", par exemple, ou "Mahalo pour nous avoir choisis".

Comment: Un message d'accueil typique du Pidgin qui indique "Comment vas-tu ?" ou "Quoi de neuf ?" Howzit peut être utilisé pour démarrer une discussion ou pour prendre des nouvelles de quelqu'un. "Comment ça, brah ?" ou "Howzit, est-ce que tout va bien ?"

Brah: Il s'agit d'une expression pidgin qui signifie « frère », « ami » ou « copain ». Vous pouvez utiliser brah pour vous adresser ou faire référence à quelqu'un que vous connaissez ou dont vous êtes proche. "Hé, brah, ça fait longtemps que je ne vois pas" ou "C'est mon brah, il est cool" en sont des exemples.

Pleurer: Il s'agit d'une expression pidgin qui signifie « la chose », « l'étoffe » ou « celui-là ». Da kine peut être utilisé pour remplacer n'importe quel mot ou phrase dont vous ne vous souvenez pas ou que vous ne voulez pas prononcer. "Où est le kine ?" ou "Tu sais, da kine" en sont deux exemples.

Ono: Ce mot hawaïen signifie « délicieux » ou « savoureux ». Ono peut être utilisé pour décrire ou faire l'éloge d'aliments ou de boissons. "Ce poke est tellement ono", par exemple, ou "Tu dois essayer ce ono smoothie".

Citoyen: En hawaïen, cela signifie « résident » ou « né dans le pays ». Vous pouvez utiliser kamaaina pour vous identifier ou identifier quelqu'un d'autre en tant que natif d'Hawaï ou résident de longue durée. si vous voulez dire "Je suis une kama'aina, je suis née et j'ai grandi ici" pour "C'est une kama'aina, elle connaît les meilleurs spots".

Invité: Ce mot hawaïen signifie « nouveau venu » ou « visiteur ». Malihini peut être utilisé pour s'identifier ou identifier quelqu'un d'autre en tant que débutant ou touriste à Hawaï.

Dites, par exemple, "Je suis un malihini, je viens d'emménager ici" à la place de "C'est un malihini, il est ici en vacances".

Plus maintenant: Ce mot hawaïen indique terminé ou terminé. Pau peut être utilisé pour suggérer que quelque chose est terminé ou terminé. Autrement dit, "On est pau, rentrons à la maison" remplacé par "Le spectacle c'est pau, merci d'être venu".

Lanaï: Lanai est hawaïen pour porche, balcon ou véranda. Lanai fait référence à un espace extérieur lié à une maison ou une structure. Dites, par exemple : « Asseyons-nous sur la véranda et profitons du paysage » ainsi que « Cet hôtel dispose d'une belle véranda avec une piscine ».

Conclusion

Vous avez terminé votre guide de voyage Honolulu 2024 et nous espérons que vous avez aimé le lire autant que nous l'avons créé. Nous espérons que ce livre vous a fourni un aperçu complet et fascinant de tout ce qu'Honolulu a à offrir, de sa beauté naturelle spectaculaire et sa riche variété culturelle à ses activités et événements captivants.

Honolulu est plus qu'une ville ; c'est un lieu qui captivera vos sens, mettra à l'épreuve vos attentes et récompensera votre curiosité. Honolulu a tout pour plaire, que vous recherchiez la détente, l'aventure ou l'illumination. Honolulu a quelque chose pour tout le monde, que vous voyagiez seul, avec un compagnon ou en famille.

Mais ne nous croyez pas sur parole ; Vérifiez par vous-même. Faites votre réservation pour des vacances à Honolulu dès aujourd'hui et profitez des beautés de ce paradis du Pacifique. Découvrez l'esprit aloha, la nourriture ono et la danse hula. Diamond Head, Pearl Harbor et la plage de Waikiki valent tous le détour. Découvrez l'histoire, la culture et les habitants d'Honolulu.